新媒体与传统媒体的融合与共赢

冯韶丹　著

中国商务出版社

·北京·

图书在版编目（ＣＩＰ）数据

新媒体与传统媒体的融合与共赢 ／ 冯韶丹著. -- 北京 ： 中国商务出版社，2023.12

ISBN 978-7-5103-5024-5

Ⅰ．①新… Ⅱ．①冯… Ⅲ．①传播媒介—研究 Ⅳ. ①G206.2

中国国家版本馆CIP数据核字(2023)第245379号

新媒体与传统媒体的融合与共赢

XINMEITI YU CHUANTONG MEITI DE RONGHE YU GONGYING

冯韶丹　著

出　　版：中国商务出版社

地　　址：北京市东城区安外东后巷28号　　邮　编：100710

责任部门：发展事业部（010-64218072）

责任编辑：周青

直销客服：010-64515210

总 发 行：中国商务出版社发行部（010-64208388　64515150）

网购零售：中国商务出版社淘宝店（010-64286917）

网　　址：http://www.cctpress.com

网　　店：https://shop595663922.taobao.com

邮　　箱：295402859@qq.com

排　　版：北京宏进时代出版策划有限公司

印　　刷：廊坊市广阳区九洲印刷厂

开　　本：710毫米×1000毫米　　1/16

印　　张：12　　　　　　　　　　　　字　数：213千字

版　　次：2023年12月第1版　　　　　　印　次：2023年12月第1次印刷

书　　号：ISBN 978-7-5103-5024-5

定　　价：79.00元

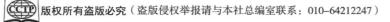

前　言

进入 21 世纪，互联网日益深入地改变着人们的生活、学习、工作方式，改变着每个人的观念、意识，改变着群体、组织、民族、国家、地区的发展，一切来自过去的传统、惯例、成见都将面临来自互联网的挑战，"改变"或者"变革"已经成为全球每个领域的思想者最为关注的一个关键词，而互联网也成为一个超越人类历史上全部既有知识的平台，演绎出一幅全球化、现代化、社会化、信息化交相融合、此起彼伏的宏伟动人图景。

毫无疑问，互联网正在成为人类从工业文明走向技术文明和知识文明的"天梯"，而基于互联网技术的新媒体产业正是在这部"天梯"上运行的高速列车之一。我们可以预见的是：基于互联网的新媒体，将给从个人生活到社会生活的各个领域带来一次人类有史以来前所未有的价值、资源和财富的再分配，并且革命性地再造出新的价值、资源和财富的分配机制，在经济领域，知识、关系、信息在全息时代将寻回自身应有的地位。

为了生存与发展，传统媒体必须改变自己的经营方式、经营理念、营销模式等环节，以适应并利用新媒体这个大环境。本书将向读者阐述并提出传统媒体适应新媒体的方法、途径和措施，为传统媒体未来的发展提出一条可供选择的路径。

由于受到自身知识水平、专业素质、政策理解能力以及对产业发展观察力的局限，本人对当前我国电视产业以及新媒体产业的许多问题未必能完全认识、准确把握、精确分析，因此本书在研究深度和结论推导上，还有许多需要进一步完善的地方。请广大读者朋友批评指正。

作　者

2023 年 11 月

目录

第一章　新媒体的特征

"新媒体"这一概念于 1967 年由美国人戈尔德马克率先提出。所谓新媒体，是相对传统媒体而言的，是继报刊、广播、电视等传统媒体之后发展起来的新的媒体形态，是利用数字技术、网络技术，通过互联网、无线通信网、通信卫星等渠道，以及电脑、手机、数字电视机等终端，为用户提供公共信息和娱乐服务的传播形态。严格地说，新媒体应该被称为数字化新媒体。

第一节　新媒体的传播特征

从传播学角度来看，相较于传统媒体，新媒体有它自身的一些特征。

一、消解权威

学界比较一致的看法是，新媒体最大的特点是它具有很大的消解力量——消解传统媒体（电视、广播、报纸）之间的边界，消解国家与国家之间、社群之间、产业之间的边界，消解信息发送者与接收者之间的边界，消解社会权威，使整个社会处于去中心化状态。

在消解媒介边界、消解国家、社群和产业边界的同时，新媒体建立起了与受众真正的联系。同时，新媒体具有前所未有的交互性，突破了一切时空界限，给媒体行业带来许多如"人人都是麦克风""我的世界我做主"等新的理念和模式，促使专业媒体的节目和栏目对象化，专业化越来越强，并由卖方市场转向买方市场。

二、变线性传播为多人对多人的传播

新媒体与传统媒体最大的区别，在于传播状态的改变：由一点对多点变为多点对多点。从传播学的角度来分析，新媒体传播有四个特点：一是每个人都可以进行大众传播，二是信息与意义无直接关联，三是受众的主动性大大增强，四是大众传播的小众化。传统媒体的传播方式是上对下、主对从、强对弱、社会精英对普罗大众的传播，是单向、线性、瀑布式、不可选择的。传统传播集中表现为在特定的时间内由信息发布者向受众传播信息，受众只能被动接收，只能做所谓的"容器人"并很少能做出信息反馈。这种静态的传播方式使信息不具流动性，而新媒体的传播方式是双向或多向的，传统的发布者和受众现在都不但可以成为信息的发布者，而且可以进行互动，使信息变得更有价值；受众不但可以体会到一种参与感，而且主动性和积极性被空前调动起来。信息的互动性使受众角色实现由被动到主动的根本性改变。

三、传播成本大大降低

新媒体近乎零费用的信息发布方式，对受众多为免费服务，这些都会为传统媒体的新闻产品制作成本带来挑战。

对传统媒体而言，无论是纸质媒体还是电子媒体，在采集信息、制作成品和推向市场的整个流水线生产过程中，每一步都是以大量资金投入为保障的，报纸杂志的纸张，印制报刊必不可少的印刷设备、发行和售卖，电台电视台的节目制作设备、信息采集和节目制作乃至特技、字幕音响等的生产过程，都需要很大的人力成本和资金投入，因此，总体上来说，传统传媒本质上是"富人的事业"，普通老百姓基本上与传播事业无关。

自从有了互联网，情况就发生了根本性变化。只要一条网线、一台电脑、一个路由器，就可以开办一家信息传播媒体，这家媒体甚至有可能产生巨大的社会影响，而不需要巨额资金做支撑。到了3G/4G时代，传播成本更是趋向于零，只要有一部3G或4G手机，就可以随时随地采集和发布信息，只需要付给电信运营商一定的信息流量费用，而不需要为信息的采集、制作和传播支付其他费用。

四、主要依赖技术

新媒体技术具有后天性特征，是由人类开发出来的外部技术系统，不是人类先天自然拥有的技能。没有数字化等技术，新媒体就完全不可能存在。

数字技术是新媒体的核心，它由硬件设备和软件技术两个部分组成，包括录入技术、存储技术、传输技术、接收技术、控制技术、管理技术等。因此，可以说，没有数字技术，就没有新媒体的产生。要掌握和使用新媒体，懂得基本的数字技术就成为最为关键的一环。

五、传播行为更为个性化

博客、播客、微信等新的传播方式，使每一个人都可以成为信息的发布者，可以便捷而个性化表达自己的观点，传播自己关注的信息。传播内容与传播形式完全是"我的地盘我做主"。个性化的传播方式一方面让众人体会着发布信息、影响他人的快感，另一方面不仅带来了个人隐私难以保障、信息内容良莠不齐的弊端，为信息管理带来困难，也对受众的信息选择能力提出了更高的要求。

六、接受方式从固定到移动

无线移动技术的发展使得新媒体具备移动性的特点，用手机上网、看电视、听广播，在公交车、出租车甚至在飞机、火车上看电视越来越成为寻常的事情。随着 3G/4G 技术的应用，移动性将成为未来新媒体的主要特征。

七、传播实时化

技术的发展使新媒体可以实现信息的实时传播，不再需要复杂的剪辑、烦琐的排版与后期制作，技术的简单便捷可以使信息在全球实现实时传播。这一优势是任何传统媒体所无法比拟的。目前一些大的门户网站基本上都可以实现文字和视频音频的实时传播，时空的距离被缩短到最小。

八、从单一传播到融合传播

与传统媒体相比，新媒体在传播内容方面更为丰富，文字、图像、声音等多媒体化成为一种趋势。与此同时，新媒体传播的交融性还表现在终端的使用方面，一部手机不仅可以用来通话、发短信，还可以用来听广播、看电视、上网，多种媒体的功能集于一体，而这些功能的实现是以互联网、通信网、广播电视网等多种网络的融合为基础的。

当然，传统媒体的主流地位目前还难以被取代，新媒体的发展必须建立在对传统媒体继承的基础上，内容优势、受众对传统媒体信息质量的信任是传统媒体受读者青睐的主要原因。为了发挥二者的优势，一些新的媒介形式就此诞生，如报纸与网络结合即出现手机报，电视与网络结合即出现网络电视，手机与电视结合即出现了手机电视。

另外，传统媒体也会借助数字技术转变为新媒体，如模拟电视向数字电视的转变。借助新媒体技术，传统的印刷媒体也在进行着蜕变：在信息的生产和处理方式上由模拟流程转向数字流程，媒体呈现方式由物理媒体转向数字媒体，存储方式由仓库存储转向高密数字存储，传输方式由交通传输转向数字网络传输。

第二节　新媒体的产业特征

从产业角度看，新媒体有如下特征。

一、产业方式多元化

报纸基本上是编辑、记者等专业人员将经过选择后的公共信息单向传给读者，信息流动是单向的，这决定了其产业特征的垄断化，其生产过程具有某种神秘性。读者如果对传统内容有些意见，通过报纸是无法反馈过去的，需要通过打电话、写信等其他的媒体手段才行。

虽然广播和电视有时候也可以互动，但那是后来新增加的功能，过去的广播和电视也是单向的。播音员在那儿播，大家听就是了。现在的新媒体，不仅有单向的、多向的、单发的、群发的，还有群体互动的，所以它的传播手段是多元的，这就决定了其产业方式也是多元的。

现在已经实现了用手机看报。无论是走在大街上，还是坐在地铁里，只要打开手机，报纸上的重大新闻就可以一览无余了。没有与之相适应的产业，这种功能就无法实现。

二、产业技术兼容

新媒体实际上是"个人移动的数字技术加上无线数字通信技术"。新媒体不仅可以实现传统媒体的信息传输功能，还具有传统媒体所无法承担的崭新功能。例如，现在出现了手机银行，人们想要给谁转账，在公共汽车上、地铁里就能完成，不用亲自去银行了，这种技术的兼容非常好。又如，青年人喜欢的手机影院实现了在手机上看电影。新媒介事实上已经变成无围墙的电影院。

三、满足分众传播需求

信息传播虽然无处不在、无时不在，但都是有信息发布源头的。信息发布产业选择发布对象，必定要考虑不同对象的实际要求，考虑不同群体的不同诉求，这就不可避免地要实现分众传播。特定信息发给谁，是以细分受众为依据的，是为满足消费者细分需求的一种分众传播。这样，传统的产业模板就无法适应全民多元化的信息需求了，而新的传播必须从产业建构上来满足细分受众的信息传播需求。

四、适应扁平化需求

所谓扁平化，就是中间环节越来越简化，直接从源头到消费者，最典型的就是博客、微博和微信。博客、微博和微信上对一些产品的宣传，中间没有经过一个层次接一个层次的分销商，而是直接推送到消费者的电脑或手机里。这种扁平化的传播极大地降低了公共信息传播的成本。扁平化管理是现代社会的重要特征，是民主管理追求的方向，是减少中间层次、强化民主管理的必要机制。

五、新旧媒体竞争和共赢

旧媒体比如报纸、电视的传输方式和使用客户大体相对固定，一般来说变化不大，即便如户外广告，也没多少变化，我们可以在高速公路的两边，看到鳞次栉比、高耸入云的广告牌。这个广告发布上去是什么样，在以后很长时期内就是什么样，除非发布新内容，制作新形式。

LED 新媒体发布就大不相同，它随时可以改变。它播出的内容，比传统户外广告牌发布的内容不知道要多多少。不过，传统媒体依然具有一定的生命力，它还有存在价值。换句话说，LED 暂时不能完全取代耸立在高速公路边上的传统户外广告牌，传统媒体与新媒体二者依然是可以做到互利和共赢的。

第三节　新媒体的舆论特征

新媒体的出现从根本上改变了舆论的形态，可以把它称之为新媒体舆论。新媒体舆论广义上泛指一切在新媒体中传播的社会舆论。由于新媒体大多以网络信息传播技术为基本构成要素，媒体形态的差异主要表现在信息接收终端的不同呈现方式上。因此，狭义的新媒体舆论即指网络舆论，即社会公众以网络为传播平台，对其所关注的某一现实问题所发表的一致性意见，是公众意见经由网络传播的结果。

新媒体所具有的开放、即时、互动传播等特性使新媒体舆论呈现出迥异于传统舆论的一些特征。

一、议题生成的自发性

"自发"和"自觉"是事物存在的两种不同状态。"自发"是事物在未受规范或约束时的一种自然存在状态，是一种缺乏自觉和反思意识的存在状态；"自觉"则是事物在遵循客观规律基础上的，具有反思意识、能够预见和调节自身发展方向的一种存在状态。

在互联网产生以前，传统媒体所具有的信息把关和议程设置功能使舆论议题的生成更具自觉性特征，议题的类型和内容往往局限在一些重大的、显著的、反映社会主流思想价值观念的事件上，并对舆论的发展方向有着预期的定位。

新媒体舆论的议题更多是源自新媒体用户的个人议题。在新媒体时代，传播媒介的易得和传播环境的相对自由、开放，为公众设置个人议题、发表个人意见提供了便利。网络传播所具有的高效、快捷特性和它产生的聚合、放大效应，则可以使单一的个人议题在短时间内迅速演化成为公众议题、社会议题。据人民网舆情监测室发布的数据显示，有近三成的社会舆论因互联网兴起。

二、传播空间的延展性

舆论具有空间范畴，由此构成不同规模、不同类型的舆论。舆论只有向更广阔的范围传播，覆盖更广大的社会空间，才可能使局部的群体舆论上升为地区性舆论、全国性舆论或世界性舆论。因此传播空间的宽窄是衡量舆论社会影响力大小的重要指标。

互联网技术为社会舆论的传播提供了无限延展的可能。首先，互联网覆盖全球，跨越了地域和国家的界限，拥有地理空间上的无限延展性。其次，数字技术的进步突破了物理空间对网络媒体的限制。网络媒体拥有近乎无限的信息发布空间，不同的空间区隔（博客、微博、微信、论坛或新闻跟帖）之间还可以通过超文本和超链接实现有机的对接组合。这些使依附于网络的新媒体舆论传播具有了空间上无限延展的可能。新媒体用户在一定网络空间区隔中发表的意见，一旦得到大家的认同，就会引来其他人的反复转帖和跟帖。当帖子在不同的网络空间区隔之间进行流动、传播的时候，舆论气氛也在不断酝酿，舆论高潮即可来临。

三、意见汇聚的即时性

传统媒介议程对社会舆论的形成往往需要一段较长的时间。与之相比，新媒体舆论的形成周期则大大缩短。

信息的即时发布和实时更新，让新媒体成为人们获取信息的主要来源，而便捷、畅通、低成本的反馈和发布渠道也让新媒体成为公众意见聚合的便利平台。同步、动态的信息供给能吸引更多人的目光和参与，事件在网络上成为被关注焦点的同时，也会迅速成为舆论热点。新媒体由此发展出多点对多点的双向、多向传播模式，Web2.0时代互联网在内容发布的过程中不仅实现了用户与网络服务器之间的交互，而且轻松地实现了同一网站不同用户之间的交互和不同网站之间信息的交互。同时有线载体（互联网）和无线终端（手机）的结合，让人们可以通过手机进行更加迅捷的信息传播和意见汇集与聚合。

四、价值观念的多元性

新媒体以其相对自由、开放的特性，使社会公众拥有平等表达意见的权利和渠道。由于参与这个开放、平等的言论平台的主体往往有着不同的身份地位和利益诉求，他们关注的焦点、议论的角度必然会有所不同，使新媒体真正成为"意见的自由市场"，新媒体舆论表现出价值观念多元化的特性。

网络传播的匿名特点则在某种程度上强化了新媒体舆论的多元特性。在真实身份和身体缺场的情况下，意见表达者害怕孤立、害怕伤害他人和被伤害的心理会有所减弱，"沉默的螺旋"作用的发挥也会受到一定的阻碍。传统观念认为，当人们发觉自己的意见属于"少数"或处于"劣势"时，出于对孤立的恐惧和害怕，他们会在"多数"或"优势"意见面前保持沉默，由此陷入优势意见越来越强而劣势意见越来越弱的螺旋过程。然而，匿名则让网上的意见发表者承受的现实压力大大减少，在某一网络空间区隔（微博、微信、博客、论坛或新闻跟帖）中遭受冷遇、反对甚至被压倒的意见，不但仍然会储存在网页上，而且可以被转移到网络的其他空间中继续表达或寻找"同盟军"。

五、价值取向的批判性

中国的社会目前具有两个特点：一个是利益群体相对固化，一个是社会正处于结构转型时期。在这个特殊的历史时期，不同的利益诉求会造成不同社会群体之间的矛盾和冲突，传统媒体不一定能给各方提供平等的表达机会，于是，开放度、自由度更高的新媒体成为其宣泄不满情绪的最佳场所。特别是在面对一些私权利遭遇公权力伤害的事件时，人们认识中累积的有关为富不仁、司法不公、权钱交易、道德滑落等"固定成见"便会集体发作，舆论之声势必转向批判和讨伐。

批判性思维本是公共领域建设的必要条件，而新媒体舆论表现出的这种批判倾向距离真正意义上的批判性思维却往往相去甚远。批判性思维不但蕴涵着批判精神，即怀疑精神、否定精神，更蕴涵着对"理性思维"的强调，包括"思维开放，熟知多个选项的优劣""力求多方查证""善于判断信息来源""能形成合理的立场"等许多方面的理性思维能力。综观新媒体舆论的表现，大多只有"揭发"和"批判"而少见"理性"和"思维"，甚至为了否定而否定的偏激态度成为常态。因此，新媒体舆论虽有批判，但鲜有理性，舆论质量不高。

六、意见表达的失范性

网络传播的匿名性特点降低了言论主体的责任感，一旦人们相信自己的行为不会被追责到个人头上，他们就会变得不那么受社会习俗和戒律的约束。与此同时，相对自由、宽松的传播环境，在某种程度上加剧了这种责任感的流失。于是，新媒体用户间恶言相向、毁谤中伤等"谩骂"和"拍砖"现象成为网络言论的常态。

新媒体舆论意见表达的失范性经常表现出一种"集体无意识"和"集体非理性"。当新媒体用户间的意见出现交锋时，更多的网友来不及思考便急于把自己编入"队形"，并快速加入混战，出现"群体极化"倾向。"团体成员一开始即有某些偏向，在商议后，人们朝偏向的方向继续移动，最后形成极端的观点。""在网络和新的传播技术领域里，团体会彼此进行沟通讨论，到最后他们的想法依旧和原先一样，只是形式上变得更极端了。"于是，当偏激的群体情绪遭遇不同意见时，再配合上匿名和自由表达方式的怂恿，这个群体就更易走向暴力和失范。

第四节　新媒体的文化特征

一、强大的包容性和融合性

新媒体具有强大的媒介融合特征，生动有力地证明了加拿大原创媒介理论家麦克卢汉的判断：任何媒介的"内容"都是另一种媒介。新媒体囊括了传统媒介所有的内容和信息发布方式，整合发展出手机报、移动博客、电子杂志、电子邮箱、网络电视、手机广播等多种新型的信息表达模式，充分展示了内容与形式完美统一的魅力。

新媒体的媒介形式是全新的，而文化的内核却是古老的，古老与全新的整合描绘出了除传统文化外的一道文化景观，同时实现了内容与形式的超越。例如，具有代表性的虚拟社区、手机文学、网络文学、网络动漫。

过去，我们习惯地认为媒体是党和政府的忠实代言人。传统媒体在党的支持下创办和发展，承担着宣传党的路线、方针、政策的任务。不过，新媒体的出现使这一情况发生了一些看得见的变化，那就是媒体不仅可以作为宣传党与政府政策的工具，也可以成为企业及其他组织与个人的工具。

互联网等新媒体的发展，是我国民主管理进程的必然产物，它的开放性和互动性决定了其作为工具的地位。从长远看，新媒体必将成为影响社会舆论的主要力量。

二、全球化扩张与不同文化的兼容

作为一种文化形态，新媒体文化常常以"兴趣"为旨归，兼收并蓄，博采众长，广泛吸纳各种文化元素，而不再像传统的精英文化那样强调"价值"的重要性，其不再固守传统文化边界，因此更具有全球扩张的可能，能够做到最大限度地与外来文化的兼容与融合。

三、文化生态：现实与虚拟的交错

新媒体让现实走向虚拟。网络发言的匿名性带给许多人以安全的暗示，因而成为大家充分表达观点的所在。"在互联网上，没有人知道对方是一位美女还是一条狗。"在互联网上，没有人知道你的真实身份。因为对多数使用网络的人来说，在虚拟世界里，匿名是件很平常的事情。

不管权力、财富、年龄还是学历，每个人在匿名网络上都只有同一个身份，那就是"网友"。身份差异的消失不但"溶解"了社会差异，也"溶解"了因社会背景不同而带来的种种道德规范与现实顾忌。

匿名就意味着新媒体用户不用为自己的言语和行为承担过多的责任。同时，网络世界比现实世界具有更大的想象空间，更加剧了网友的猎奇心理。网络的信息量完全可以用无限来形容，任何人都可以在网上找到自己的"家园"。

然而，网上的信息最终还得回到现实社会，还会直接或间接影响人们的现实生活，新媒体对现实世界的冲击可谓是空前绝后，在网络世界中几乎都可以找到现实世界中的对应物：社区、游戏、邮件、论坛、购物……现代都市人的生活真的可以被新媒体"一网打尽"。然而，网络社会只不过是现实社会的延伸。

四、大众狂欢的娱乐特征

网络文化，充分体现了休闲娱乐与艺术鉴赏的特征。新媒体艺术集中体现了一个国家艺术与科学协同发展的最新成果，具有鲜明的信息经济和文化特点。例如，在2008年北京奥运会开幕式上，巨幅"中国画卷"和李宁的"飞天点火"过程，就是结合了新媒体艺术的互动表演，给全球数十亿观众带来了前所未有的视觉体验。新媒体艺术使艺术超越了自身，转变为真正的大众精神。上海世博会中国馆的主题艺术品"清明上河图"同样令人耳目一新，流连忘返。

然而，网上的大众狂欢又是非理性的，这种非理性催生了一系列网络文化形态，如"人肉"、围观、恶搞就是其中的典型形态。

五、人际交往与情感交流

网络打破了以往除大众传播外面对面的交流模式，人们不再受空间限制，可以随心所欲地交流。最有代表性的是手机、QQ、MSN、BBS、贴吧等，一些在现实生活中遇到不顺或性格内向、不善交际的人，往往会通过网络寻找"知音"和同仁，不会再顾及现实社会中的一些道德规范。于是，从网友到网恋，从网恋到见面，极大地改变了传统的人际交往关系与情感交流关系。

六、文化表达：在个性张扬中颠覆传统

新媒介文化是文化表征的一种新的存在方式和呈现形态，它体现了人类文化发展对表征效果透明化和完美化追求的历史夙愿。"透明化"，即表征活动力求使其效果达到客观真实、彻底透明，从而实现认识对于事物、主体对于客体的忠实一致。再现论和写实主义（如现实主义、自然主义等）是这种文化旨

趣的反映，这种"客观真实"影响到中西传统真理观的建构。

透明化与完美化的表征效果一直是人类文化所致力追求的目标。在历史上，由于表征媒介（如语言）的天然限制，绝对透明和完美的表征效果更多的是一种想象。毕竟，语言在本质上是符号，它是编码后的产物，是原物的符号替代品而非实物。抛开编码的因素，我们看其表征的形象所呈现出来的也只是轮廓，且渗透着主观感觉，甚至虚构性成分，而不是对事物的精确客观再现，其细节构成也经不起显微镜式的推敲和考察。

今天，随着电子传媒的广泛普及，媒介技术水平的实质性跨越与其高科技含量的加强，特别是数码技术的加盟，使媒介文化在表征现实时高度清晰、高度仿真，其效果比真实还要"真实"，即波德利亚所谓的"超真实"，如数码相机和数码 DV 等的拍摄与制作效果。在某种意义上，此时已经达到或接近达到表征活动所苦苦追求的透明化效果。当代数码技术可以对已经达到高度透明化的文本在技术上进行完美化制作和再加工。以照片为例，新技术可以对照片中人物的胖瘦、高矮、色彩、背景的明暗度以及脸上的雀斑等进行随心所欲的修改，从而最大限度地满足创作者对文本表征完美化效果的主观想象，满足新媒介文化对其表征文本完美化的制作诉求。

第二章 新媒体的分类

第一节 自媒体新媒体

一、自媒体的定义与特征

自媒体的特点可以归纳如下。

（一）平民化，个性化

2006年末，一向以封面人物报道著称的美国《时代》周刊一反常态，在年度人物评选封面上没有摆放任何名人的照片，而是出现了一个大大的"You"字和一台PC电脑的图片。《时代》周刊对此解释说，社会正从机构向个人过渡，个人正在成为"新数字时代民主社会"的公民。从"旁观者"转变成为"当事人"，每个平民都可以拥有一份自己的"网络报纸"（博客）、"网络广播"或"网络电视"（播客），"媒体"仿佛一夜之间"飞入寻常百姓家"，从机构所有变成个人拥有的东西。人们自由地在自己的"媒体"上"想写就写""想说就说"。每个"草根"都可以利用互联网来表达自己想要表达的观点，传递他们生活的喜怒哀乐，构建自己的社交网络。自媒体成为普通大众张扬个性、表现自我的最佳场所。

（二）门槛低，运作简单

广播、电视、报纸等传统媒体运作复杂，需要花费大量的人力和财力去维系。在互联网高度发展的时代，我们坐在家中不但可以看到世界上各个地方的美丽风景，而且可以欣赏到最新的流行音乐，可以品味到各大名家的激扬文字……互联网创造了"一切皆有可能"的时代背景，在像新浪博客、优酷播客等提供自媒体的网站上，用户只需要通过简单的注册申请，根据服务商提供的网络空间和可选的模板，就可以利用版面管理工具，在网络上发布文字、音乐、图片、视频等信息，创建属于自己的"媒体"，既不需要投入多少成本，也不要求有任何专业技术知识。

（三）交互性强，传播迅速

自媒体虽然是为自己服务的媒体，但自从互联网出现后，个体在与他人交往时变得没有了空间和时间的限制。人们在任何时候、任何地点都可以经营自己的媒体，可以与世界亲密接触，使信息能够迅速地传播，时效性大大地增强。作品从制作到发表，其"迅速""高效"是传统的电视、报纸媒介所无法企及的。为自己经营的自媒体不但能够迅速地将信息传播到受众中，受众也可以迅速地对信息传播的效果进行反馈，其强大的交互性是任何传统媒介无法企及的。

（四）鱼龙混杂，良莠不齐

个人志趣千姿百态，个性表达千奇百怪，意味着个性化的自媒体所传播的信息也必然会鱼龙混杂、良莠不齐。这些信息中有的是对生活琐事的流水账式记录，有的是对人生境遇的深刻感悟，有的是对时事政治的观察评论，有的是对专业学问的探索思考……在自媒体上发表信息十分随意，稀释了传统媒体编辑的决定权，让各种信息"肆意"传播。优秀的自媒体可以让受众得到生活的启发，发现生活的意义与价值，助推事业的成功。但大部分的自媒体只是一些简单的"网络移植"，记录一些"不痛不痒"的见闻和鸡毛蒜皮的内容，甚至是一些不健康的东西，虽然这些内容可能会给博客带来一定的点击率，但其影响却是负面的。

（五）真假莫辨，可信度低

网络自媒体的数量庞大，其拥有者大多为"草根"平民，网络的隐匿性给了新媒体用户"随心所欲"的空间。在平民具有话语权的今天，"有话要说"的人越来越多。有的自媒体过分追求新闻发布速度或者说为了追求点击率而忽略了新闻的真实性，导致自媒体传播信息的可信度低，于是，"网络谣言"成为一种常态，"造谣""传谣"和"辟谣""澄清"成为网上常见的"表演"。

（六）法规不全，管理滞后

从宪法角度看，自媒体是个人言论自由权的延伸，应该受到法律的保护；从实践层面看，自媒体从诞生就受到了诸多法律的限制。保护和限制的边界尚未形成明确的法律规定，虽然我国目前有很多法律管制网上活动，但是还只是停留在对网站的综合管理上。如何运用法律对自媒体进行规范与引导，迫切需要全社会来共谋良策。另外新媒体用户也应该学会在这个言论自由的地方负责任地表达观点，在行使权利的同时不忘履行义务，使我国自媒体朝着健康的方向发展。

二、自媒体兴起的推动力

自媒体之所以爆发出如此之大的能量，之所以对传统媒体有如此之大的冲击，从根本上说取决于其传播主体的多样化、平民化和普泛化。

（1）多样化。自媒体传播主体是来自各行各业的从业者。这相对传统媒体从业人员仅具单个行业的知识背景来说，自媒体传播主体可以说是覆盖面更广，在一定程度上，他们对新闻事件的综合把握可以更具体、更清楚、更切合实际。在自媒体运作中，位于"底层"的草根们专业水准并不比位于"高端"的媒体从业人员差，甚至还更有优势。在"华南虎造假事件"调查中，动物学家、植物学专家以及非政府组织、摄像人员，以及图片处理专业人士等都发挥了不可或缺的作用。他们或从老虎的体态出发，或从老虎周围的植被出发，利用各自的专业知识，做出了详细的技术论证，最终使"周老虎"露出原形。

（2）平民化。自媒体的传播主体来自社会底层，自媒体的传播者因此被定义为"草根阶层"。这些业余的新闻爱好者相对传统媒体的从业人员来说，具有更强烈的无功利性。他们带有更少的预设立场和偏见，对新闻事件的判断往往更客观、公正。

（3）普泛化。自媒体最重要的作用是授话语权给草根阶层，给普通民众，通过张扬自我，助力个性成长，铸就个体价值，真正体现了民意。这种普泛化的特点使"自我声音"的表达越来越成为一种趋势。伴随着自媒体主体普泛化程度的日益提高，这种力量会越来越积聚。

三、自媒体的影响及其发展趋势

（一）"共享媒体"挑战传统媒体"一对多"的传播模式

传统的新闻媒体将传播者与受众分得很清，它们是"自上而下""点对面"的传播方式，而博客、播客式的自媒体打破了这种不公平的格局，新媒体不再有传播者和受众的界限，每个人都是传播者，每个人都能做新闻，"人人即媒体"。因此，在博客、播客网站上，不再提及"受众"一词，而更习惯说"用户"。

（二）"我的地盘我做主"，挑战传统媒体"把关人"

在 Web2.0 时代，网络传播成为"零门槛"的传播方式，任何网络用户都可以成为传播者。在技术层面，博客、播客具有非线性传播、零门槛、低成本等优势，正是这种互联网的特性决定了用户发布的信息内容不完全受网站的控制，传统媒体对信息的筛选及议程设置的特权将面临前所未有的挑战。

（三）不受时间地域局限，用户成为新闻源

传统媒体的专业新闻工作者利用集团优势以及技术支持，方便他们在世界各地收集信息进行报道。然而，博客、播客式自媒体的出现打破了时间、地域的局限，用户也能成为新闻的采集者和传播者。

（四）微内容对传统新闻理念的挑战

"微内容"是相对"巨内容"而言的。巨内容就是传统媒体的主体内容，是体现新闻的重要性、接近性、时效性、显著性和趣味性等新闻价值的内容。微内容是用来描述一个网页上所显示的"超小文字段"，如页头与标题。面对复杂的互联网，微内容的范畴注定不会是简单的"导引文字"。互联网用户在网上的所有独立数据，如博客中的每一则网志、BBS 中的每一条评论，甚至用户的每一次点击，都可以构成互联网的微内容。微内容的影响和效果不逊于传统大众传媒的巨内容。同时，用户对视频或音频的每一次点击、评论、收藏，都是微内容发挥作用的体现，在进行音频或视频查询的时候，受点击、收藏、评论多的音频或视频就会最先出现在首页上。因此，在 YouTube 首页上可以看到"观看最多的视频""最热门的视频"以及"精选视频"的链接。这种选择不是来自 Google 搜索引擎的智能化，而是来自用户自身的判断，可信度更强。

第二节　工具新媒体

工具新媒体，是指通过互联网为网友提供搜索信息、汇聚信息、使用信息甚至证实信息真伪的工具，本身不具有决策依据的性质。

一、工具新媒体的定义

工具最初是指能够方便人们完成工作的器具，后引申为"为达到、完成或促进某一事物的手段"。工具既可以是机械性的，也可以是智能性的。大部分工具都是简单机械，如一根铁棍可以当作杠杆使用，力点离开支点越远，杠杆传递的力就越大。但现在人们更倾向于使用智能工具，即使用工具媒体来实现既定目标。

工具新媒体是众多工具中的一种，主要包括聊天工具媒体、下载工具媒体、系统工具媒体、网吧工具媒体、软件工具媒体、翻译工具媒体等。

二、工具新媒体的种类

（一）聊天工具

聊天工具又称 IM 软件或者 IM 工具，主要基于互联网的客户端进行实时语音、文字、图片和画面传输。从技术上讲，主要分为基于服务器的 IM 工具软件和基于 P2P 技术的 IM 工具软件。基于服务器的 IM 工具软件是第一代的聊天工具，主要包括 ICQ、MSN 等。基于 P2P 技术的 IM 工具软件为第二代的聊天工具。

常见的聊天工具有：QQ、MSN、UC、Skype、微信、YY 等。

（二）下载工具

下载工具是一种可以使顾客从网上更快地下载包括文档、图像、音频、视频、游戏等各种数据的软件。用下载工具下载文件之所以快，是因为它们采用了"多点连接（分段下载）"技术，充分利用了网络上的多余带宽；采用"断点续传"技术，随时接续上次中止部位继续下载，有效避免了重复劳动，大大节省了下载者的连线下载时间。

常见的下载工具有：迅雷、eMule、QQ 旋风等。

（三）系统工具

系统工具是指 Windows 自身程序之外发挥负责系统优化、管理等作用的工具，如系统维护工具、垃圾清理工具、桌面清理工具等。

常见的系统工具有：Windows 优化大师、鲁大师、超级兔子、CCleaner 等。

（四）网吧工具

网吧工具指网吧为了管理而使用的一些专用工具，现在也指一些黑客软件，它们主要是为了破解网吧的一些限制，如自由门、动向网、无界浏览等翻墙工具。

（五）软件工具

软件工具是指为支持计算机软件的开发、维护、模拟、移植或管理而研制的程序系统。软件工具是为专门目的而开发的，在软件工程范围内而言，也就是为实现软件运行于其中的各种处理活动（包括管理、开发和维护）的自动化和半自动化而开发的程序系统。开发软件工具的最终目的是提高软件生产率和改善软件质量。

软件工具大致分为六类：模拟工具、开发工具、测试和评估工具、运行和维护工具、性能质量工具和程序设计支持工具。

软件工具细化分类包括：扫描器、攻击程序、网络工具、后门程序、拒绝服务、嗅探器、木马、口令破解、代理程序、防火墙、入侵检测、完整检查、加密解密、加密隧道、编程相关、蠕虫、其他工具。

（六）翻译工具

我们平时无论是浏览网页还是阅读文献都会或多或少遇到几个难懂的英文词汇，这时我们就需要翻词典，而这正好为网络翻译工具开发提供了市场。网上的翻译工具大概可以分为两种：一种是离线词典，就是可以不用联网，只要下载安装并运行就可以取词翻译；另外一种是在线词典，它需要我们访问一个网站，而后输入要查找的词汇等。

常见的系统翻译工具有：有道词典、金山词典、灵格斯词典、微软必应词典等。

（七）搜索工具

搜索引擎是对互联网上的信息资源进行搜集整理，然后供用户查询的系统，它包括信息搜集、信息整理和用户查询三部分。搜索引擎是一个为用户提供信息"检索"服务的网络工具，它使用某些程序把互联网上的所有信息归类，以帮助人们在茫茫网海中搜寻到其所需要的信息。

全文搜索引擎是目前广泛应用的主流搜索引擎，国外代表有 Google，国内则有 360 搜索。它们根据用户发出的关键词指令，从互联网提取各个网站的信息（以网页文字为主），建立数据库，并能检索与用户查询条件相匹配的记录，按一定的排列顺序反馈结果。

选择搜索关键词的原则是，首先确定用户所要达到的目标，即用户要找的到底是什么，是资料性的文档还是某种产品或服务；其次，分析这些信息都有什么共性，以及它们区别于其他同类信息的特性；最后，从这些方向性的概念中提炼出此类信息最具代表性的关键词。如果这一步做好了，往往就能迅速找出用户需要的东西，并且多数时候根本不需要用到其他更复杂的搜索技巧。

三、工具新媒体对人类劳动的意义

从通过人类劳动的耗费而创造财富的角度看，任何工具等文明物品，都是劳动耗费后的"物化"。从价值角度看，工具、机器等资本形态不过是被人类劳动耗费的一种历史性的"异化"了的存在与运作方式。因此，如果机器等能够形成新价值的话，那也不过是通过人类劳动形成价值的一种方式。从工具的使用价值来说，它则是人类劳动的一种手段上的帮助与延伸。例如，人类创造出望远镜，它就可以使人看到更远的地方，使人的视觉感知到更远的边际；人类创造出机械起重机，它就可以代替人类吊起沉重物品。因此，工具从价值形成和效用上都不会与人类劳动构成矛盾。

要特别指出的是，工具及一切物品的使用使人类劳动效能得到提高。因此在采用了工具后的劳动中，创造出来的物品所包含的代价耗费应该更小而不是更大，这样，物品的价值就会变小，而不是相反。所以，认为"工具（作为资本等形态出现）也会形成新价值"的看法是不对的，它的作用不是形成一个更大的价值，而是节约成本、减少耗费。我们在今天的经济现实中已经看到，如果一个生产者花大笔金钱利用机器生产同一类产品，生产出来的单位产品所具有的成本必定要比过去完全利用人工生产成本更低，否则就没有理由利用机器生产。因此，我们经常看到，相同物品，利用机器制作与利用人工制作，售价会有不同，前者比后者便宜得多。

四、工具新媒体发展趋势

恩格斯说过，没有一只猿手曾经制造过一把哪怕是最粗笨的石刀。也就是说，是否会制造工具是人与动物的根本区别。在中国北京猿人生活的地方，考古学者不仅发现了大量祖先的遗骸化石，还发现了他们赖以生存的劳动工具。石器和木棒是人类最早的劳动工具。

美国伊利诺伊大学考古学家安布罗斯研究发现，从开始能够制造简单工具的 250 万年前到 30 万年前这段漫长的历史时期中，人类的进化速度相当缓慢。在距今 30 万年前左右，人类开始学会制造复杂工具。之后，人脑中专门负责复杂任务的大脑前叶部分和语法语言呈现出同步发展的现象。安布罗斯指出，制造和使用多部件工具促进了大脑功能的发展，并为语言的进化提供了基础，因为制造复杂工具需要提高动作技能、具备解决问题及制订计划的能力。他总结说，是复杂工具令人类演进成今天的这种样子。

未来的工具媒体开发将是加速度的。例如，"媒体中心 HD-电子节目表"可轻易为用户展现影片、电视、音乐、图片、节目表，能将所有的媒体收藏到用户的手机之上，能够控制用户的媒体中心，管理用户的系列文档及附表；能够切换电视频道，在手机上观看电视；能够管理用户的 Media Center PC 上的媒体文件，下载图片到用户的手机之上；能够实时远程控制，处理记录冲突；能够配置启动画面，提供美妙的用户界面。另外，这些工具媒体还可以提供电影预告，播放 Deep web 电影，实现节目系列和演员的信息源集成，提供背景音乐的下载 / 加工和 EPG 数据，实现一键连接到其他主机，直接从应用程序内访问网站，满足各类功能要求和提供更多的信息等。

第三节　知识新媒体

顾名思义，知识新媒体就是以提供知识为基本功能的新型媒体，是一种网络百科全书式的知识聚集方式。目前网上使用广泛的知识新媒体包括四个百科网站和一个信息聚合网站：四个百科网站是维基百科、百度百科、互动百科和360 百科，一个聚合网站是 RSS，其中多数为共创共享的知识新媒体，可以随时对错误知识加以纠正，对新的知识加以补充。习惯上人们把这种媒体称为维客。

一、维基百科

维基百科（Wikipedia）于2001年1月15日由吉米·威尔士正式创立并上线，是一本基于Wiki技术、用不同语言写成的网络百科全书，同时也是一本人人可参与编辑的自由百科全书，是一个动态的、可自由访问和编辑的全球知识体。它是一本强调版权共享（Copyleft）、自由内容、协同编辑以及多语言版本的网络百科全书。维基百科网站是以互联网为媒介而扩展成为一项基于Wiki技术的世界性百科全书协作计划，并由非营利性质的维基媒体基金会负责相关的发展事宜。维基百科由来自世界各地的志愿者合作编辑而成，整个计划总共收录了超过2200万篇条目，其中英语维基百科又以超过404万篇条目的数字排名第一。

维基百科具有如下基本特点。

（一）开放共享

大部分页面都可以由任意用户使用浏览器进行阅览、修改、创建主题及条目等，且任何用户都可以免费下载、引用、收藏及分享它的内容。

（二）互动协作

来自世界各地的用户都可以基于该平台针对某一主题内容展开交流研讨，通过不断地编写和修订，最终完善相应的词条与内容。

（三）平等中立

任何用户在百科网站上享有同等的自由度，没有特权，并且被要求本着以客观事实为依据的原则进行信息发布、修改，尽量避免主观性的言语。维基百科不会倾向某个观点，而是保持中立，相信"公道自在人心""真理越辩越明"，让所有参与者去判断、思考。维基百科采用中立观点的原因是，维基百科的管理员和参与撰写者都认为维基百科是一本关于人类知识的综合性百科全书，并且由于维基百科的条目撰写是由集体来完成的，因此在撰写过程中不可能不出现争论。避免无休止的"编辑战"的最好方式，就是相信自己所要编写的"人类的知识"囊括了关于一个话题的所有不同观点和不同事实，同时这些观点和事实还会随着人类认知能力的改变和知识积累程度的改变而在人的观念中发生变化。

（四）简单快捷

维基百科操作简单，参与者可以非常方便地创建、编辑页面。与传统的百科全书相比，维基百科会在第一时间补充社会科技文化的新概念、新动态，保证知识的时效性。

（五）信息全面、准确

维基百科是众人协作编写的百科全书，其内容涵盖地理、历史、社会、科学及教育等各个领域。其中大部分知识点都是在经过不同的用户一次次编辑后形成的，保证内容的准确性。

因为任何人都能做出贡献，维基百科也在不断更新，因此维基百科与传统的纸质百科全书有一些重要的不同点。例如，较旧的条目应该会有更完整的内容、更平衡的观点；较新的条目可能经常会包含明显的错误、非百科全书的内容，或是单纯的破坏性观点。使用者必须注意这一点，以取得有效的信息，并避开那些最近加入且尚未被删除的错误信息。与纸质的参考资料不同，维基百科经常更新，许多重要事件的条目有时在几分钟之内就会被创建或更新，而传统的百科全书可能需要等待数月或数年来更新这些信息。

（六）使用自由

与传统百科全书相比，维基百科最主要的特点是其开放的精神。这意味着不论是拥有维基百科账户的用户或者是其他匿名的浏览者，在阅读条目的同时也可以把自己认为适合的内容添加于文章之中。不过对一些特别敏感或者是容易受到破坏的内容则会赋予不同程度的"保护"，暂时禁止浏览者对一些文章编辑的权限。

在一般情况之下，用户所编辑过的文章都能够立刻得到检查与修正。一些时候，维基百科的编辑者可能为条目加入内容不精确的字句或者是无意义的话语，而这些必须等待另一名编辑维基百科者发现并加以纠正。面对这种情况，不同语言版本的维基百科都有各部门负责管理的行政架构，同时允许针对这一现象自由地修改相关政策。

除了参与维基百科的志愿者，维基百科也广泛使用经过设计的电脑程序，即"机器人"来纠正常见的拼写错误或者语法问题，甚至有些"机器人"能够自动分析统计数据并以相同格式来编写地理条目的基础内容。

维基百科借由 Media Wiki 所推出的编辑界面进行条目编辑。一开始出现的条目内容大多松散且未经过组织，不过通常在之后便会有志愿者对其进行修改，且根据内容扩展情况和条目题材给予分类，借由分类的方式可以帮助其他用户更加容易地依照内容和属性查阅每一篇文章。一方面，一篇新条目如果公布一些简短的定义和条目链接的话，通常就会将条目列为"小作品"条目，要求他人协助修改；另一方面，如果条目内容极为完善的话，则可能会另外被提名为"特色条目"。

维基百科的开放性也会导致一些破坏行为的发生，最常见和明显的破坏类型包括插入虚假信息、广告言语、自我观点的文句或者是其他类型的垃圾邮件等，大多数情况下维基百科社区能够借由编辑修改的方式删除错误信息，甚至能够完全删除特定页面的编辑记录。

维基百科的内容基本上受到美国的著作权与相关法律限制，同时要遵从以佛罗里达州为主的维基百科服务器所在州的当地法律规定。除了遵守与现实生活相关的法律规定，维基百科的编辑用户也被要求依照"五大支柱"所制定的种种方针和指引，并在这些规范之下创造许多适宜的条目内容。

维基百科是民主制、精英制、独裁制的混合。通常，大部分的内容由一般的维基人讨论、修改，通常为民主的形式。维基百科的系统里同时有资深的维基人担当管理员，负责清理被破坏、封锁及恶意破坏者的账户，而非常敏感的议题，则由吉米·威尔士最后把关。

二、百度百科

百度百科是百度公司推出的一个为网友提供的信息存储空间，是一本内容开放、自由的网络百科全书，其测试版于 2006 年 4 月 20 日上线，正式版在 2008 年 4 月 21 日发布。百度百科旨在创造一个涵盖各领域知识的中文信息收集平台。百度百科强调用户的参与和奉献精神，充分调动互联网用户的力量，汇聚上亿用户的智慧，积极进行交流和分享。同时，百度百科实现了与百度搜索、百度知道的结合，从不同的层次上满足用户对信息的需求。

百度百科本着平等、协作、分享、自由的互联网精神，提倡网络面前人人平等，所有人共同协作编写百科全书，让知识在一定的技术规则和文化脉络下得以不断组合与拓展。百度百科为用户提供了一个创造性的网络平台，强调用户的参与和奉献精神，充分调动互联网所有用户的力量，汇聚上亿用户的智慧，积极进行交流和分享，同时实现与搜索引擎的完美结合，从不同的层次上满足用户对信息的需求。2012年，百度百科运行基本成熟。2012年4月，百度百科举办以"所有的一切，都因为知识"为主题的六周年活动，包括"记录你在百科里的故事""百科网友相聚在北京""收集知识彩蛋""有模有样活动""知识幸运抽奖""名览天下活动"等。2013年4月20日，百度百科举办"十全十美百科七周年词条质量提升活动""一目了然百科七周年词条目录优化活动"，这些活动是为了提升词条质量，将词条整理得更加可读，更有逻辑性，提升词条目录质量，并先后建立了百度百科学术委员会和百度百科质量委员会。

百度百科收录的内容包括具体事物、知名人物、抽象概念、文学著作、热点事件、汉语字词或特定主题的组合，例如，"花""中国""百子论文""唯物主义""2008年北京奥运会"。一般而言，词条需有一个单一的主题；若多个事物有相同的名称，那这些事物需在以该名称命名的词条中分不同段落阐释。当事物存在标准中文名称时，百度百科不鼓励创建以外文单词或词组为名的词条。

与维基百科不同的是，百度百科设有专门的编审系统。用户提交的同一条目编辑或创建版本，根据百科规则，需要由百科编审系统给出处理意见。符合百科规则的版本，将会更新至词条页予以展示；不符合百科规则的版本，将由编审系统协同处理，并反馈违规原因，每日23点至次日8点半为特殊编辑时段，此时段用户提交的版本将延时处理。

百度百科设有用户投诉中心，负责受理关于百度百科的各种投诉。当用户发现某词条内容触犯法律，或词条被恶意修改时，可以向投诉中心申请删除相关词条的修改版本；当用户修改的词条未获通过，而用户对拒绝通过的理由有疑义时，可向投诉中心申请复议；当用户认为两个词条构成同义词时，可以向投诉中心申请合并词条。此外，投诉中心也负责收集用户对百科提出的各种意见和建议。百科管理员每日定期集中处理各种投诉，并通过百度短消息及时告知用户投诉处理结果。

为了调动用户的使用积极性，百度百科创建了用户积分体系，百度用户在百度百科上参与编辑即可获得奖励积分。积分分为经验值和财富值两个部分。财富值可用于在商城兑换虚拟特权、徽章和实物礼品；经验值与等级头衔相关。

百度百科已成为媒体舆论、新媒体用户公众乃至整个社会最重视、最依赖的信息获取渠道之一。作为全球最大的中文百科平台，百度百科在历次公众危机的焦点事件中展现出其及时、全面、权威和深度的优势，成为时代精神的最佳注解。这种信息呈现的优势让百度百科不仅是知识平台，也成为舆论利器。此外，百度百科官方也持续推动打造平台权威性的战略，相继与多家权威机构合作，共同对全社会第一时间发布权威信息，且效果显著。

三、互动百科

互动百科集团创设于 2005 年，致力于为全球华人提供中文百科知识服务，通过维基技术、词媒体、按需媒体的多元拓展，目前已成为集互动百科、互动维客开源系统（HDwiki）、移动互联网三大业务于一体的综合型企业集团。旗下的互动百科网是全球最大的中文百科网站，创建于 2005 年 7 月 18 日，致力于为数亿中文用户免费提供海量、全面、及时的百科信息，并通过全新的维基平台不断改善用户对信息的创作、获取和共享方式。

互动百科原称互动维客，隶属于互动在线（北京）科技有限公司。互动百科号称是全球最大的中文百科。2014 年 6 月底，互动百科已经成为拥有超过800 万词条、5 万个分类、1100 万张图片的百科网站。

创建互动百科词条比较简单，用户可以在编辑器中根据自己的理解，或根据从相关书籍、网络中查找到的资料，对所要创建的词条进行尽可能全面的定义阐述、解释和说明即可。用户也可以利用编辑器上方的功能键，对词条正文进行加粗、斜体、设为链接或段落标题，以及插入特殊符号等操作。词条的编辑过程中最多可输入两万个汉字。

编辑好词条正文内容之后，需要为创建的词条设置合理的开放分类。为词条设置正确、合理的开放分类，可以方便用户所创建的词条被更多网友浏览，体验与他人分享知识的快乐。一个创建者最多可以设置五个开放分类，彼此之间用逗号隔开。

互动百科可以上传与词条内容相关的图片，做到图文并茂，整体更直观、更具可读性。现阶段每个词条允许上传十张图片，其中编辑器中的第一张图片将作为词条"首图"出现在词条浏览页面的右上部。上传的图片的大小被限定在 2MB 以内，具体操作可查看互动百科网页提供的"如何为词条上传多张图片"提示。

互动百科可以用填写参考资料的方式来规避知识侵权问题，如果词条参考了书籍、网页或他人文章，就会在参考资料一项标明所引用内容的出处。一旦在百科中创建的词条出现知识产权等纠纷，就需词条创建者本人承担相应的法律责任。

相对百度百科来说，互动百科的劣势主要体现在以下几个方面。

1. 先天不足

百度百科作为百度旗下产品之一，品牌大、域名存在明显优势。在百度平台上，百度自己的产品无疑在排名上优势更大。百度百科词条排名基本上都能进入前三，但互动百科的排名则很靠后。

2. 缺少核心人才

互动百科词条编辑人员的参与者多是站长或是推广人员，只是为了推广自己的产品或者是做网站外链，才来参加百科的编辑工作的。

3. 用户体验度不佳

百度百科的审核标准极为严格，对词条的编辑内容要求也很严格，这令百度百科具备公平、公正以及内容的权威性，更容易受到用户的青睐和信任。互动百科审核标准很低，垃圾内容、重复内容、灌水内容、广告内容等都充斥其中，大大降低了互动百科词条的权威性和用户体验度。

四、360 百科

360 百科是专业的中文百科，秉承"让求知更简单"的理念，是 360 搜索的重要组成部分，其测试版于 2013 年 1 月 5 日上线，内容涵盖了所有领域的知识。360 百科的宗旨是帮助用户更加及时、便捷地获得最为准确、权威的信息，并且通过和 360 搜索的结合，以及与专业网站的合作，给予用户最全面的服务。

360 百科由奇虎 360 创建，为 360 搜索的重要组成部分，内容涵盖新闻、数码、财经、旅游、影视等知识领域，旨在帮助用户及时、便捷地获得准确而权威的信息。

360 百科首页以绿色为主色调，简洁大方，搜索框内为默认的热点词汇。例如，每日精选十大热门词条，实现百科和新闻的整合。页面搜索框下方、词条正文右侧均有十大热门词条的链接，无需用户寻找，360 百科直接为用户送上热点信息。

360 百科设有词条名片，由图片和文字内容组成，不同类别词条的名片均有不同要求。名片图片按照能体现图片最好效果的尺寸来设定；文字内容控制在 400 字以内，是对该词条最简洁、精准的描述与阐释。

根据用户需求以及网络的发展，360 百科与各大专业网站合作，新增模块信息，例如，人物词条中的最新相关新闻、旅游词条中的游记、汽车词条中的汽车大图，并且模板内容可以直接链接到专业网站。同时，根据词条类别不同，均有相关模块，如最新相关新闻、歌曲等。360 百科词条的图文混排区即正文内容，一般目录设定在七个以内，清晰明白的目录内容和顺序均是根据用户对此类信息的需求进行设定的。例如，旅游类词条，七个目录分别为"概述、地理位置、自然气候、旅游景区、旅游指南、历史文化、政治经济"。

360 百科主要由专业人士负责编写词条，与国内最好的汽车网站（爱长）、数码网站（中关村在线）、自助游网站（马蜂窝）、医学网站（39 健康网）合作，其部分词条不仅由这些合作网站编辑编写，还在词条页面直接安放相关模块，用户在获取专业信息的同时，可以直接链接到这些专业网站，方便用户获取专业信息。

一般用户可以参与 360 百科词条的编辑过程，只要经过严格的审核，就可以将有关词条上传至网上，成为共享信息。同时，360 百科通过对专业网站模块的引进，创造出一个更加开放的发展氛围，从而以优质信息的整合来更好地满足客户需求。

五、RSS（简易资讯聚合）

除以上四个影响非常大的百科全书式的知识媒体外，RSS 也是值得特别注意的一种知识媒体形式。RSS 是一种消息来源格式规范，用以发布、更新资料的网站，如博客文章、新闻、音讯或视讯的网摘等，为网友提供各种知识信息。RSS 文件（或称摘要、网络摘要）包含全文或是节录的文字，再加上用户所订阅的网摘资料和授权的元数据。网络摘要专业层面能够发送各种资料，同时使读者能够定期更新他们喜欢的网站，聚合不同网站的 RSS 摘要可以借由 RSS 阅读器、feed reader 或 aggregator 等网页或以桌面为架构的软件来阅读标准的 XML 档式，允许资讯在一次发布后通过不同的方式阅览。使用者借由将网摘输入 RSS 阅读器或是用鼠标点击浏览器上指向订阅程序的 RSS 小图示之 URI

（非通常称为 URL）来订阅网摘。RSS 阅读器可以定期检阅是否有更新。

RSS 可以是以下三种解释中的任何一种的缩写，但这三者都是指同一种联合供稿（syndication）的技术。

Really Simple Syndication（RSS 2.0）

RDF（Resource Description Framework）Site Summary（RSS 0.91 and RSS 1.0）

Rich Site Summary（RSS 0.90 and 1.0）

RSS 有各种不同格式。目前 RSS 规范的主要版本有 0.91、1.0 和 2.0 等。0.91 版和 1.0 版完全不同，风格不同，制定标准的人也不同。0.91 版和 2.0 版则一脉相承，1.0 版更接近 XML 标准。

RSS 0.91 原本属于美国网景公司的版本。这个 RSS 被称为 RDF Site Summary，但其基础构图建立在初期的 RDF 规格上，以及和末版的 RDF 推荐标准不相容。

RSS 1.0 是一个开放式的版本，由 RSS-DEV 工作团队再次建立为 RDF Site Summary。RSS 1.0 是一个像 RSS 0.90 的 RDF 形式，但是并没有完全和它相容。

第四节　移动新媒体

一、移动新媒体的技术支持

移动新媒体必须借助不断创新的技术支持。当前主要的技术力量表现在以下几个方面。

（一）WAP 技术

WAP（Wireless Application Protocol）即无线应用协议，是现今主流的手机上网信息媒介。基于 WAP 的新闻信息传播主要包括三大类。第一，以移动运营商为主导的新闻信息服务。主要包括：一是移动运营商（如中国移动、中国联通、中国电信等）自己采编、运营的新闻业务，内容趋向少而精，通常在运营商 WAP 门户首页以免费的形式向用户提供；二是移动增值服务提供商（SP）运营的新闻业务，种类繁多但质量参差不齐，多为收费业务，并由移动运营商按照其制定的《移动梦网频道业务开发指南》等规定进行监管，如一些推送业务、定制业务和特别需求业务等；三是移动运营商通过承接整合第三方的新闻资源提供的新闻业务，如中国移动在收购凤凰卫视某些业务的基础上开展的各项分类服务的新闻资讯类业务。第二，基于 WAP 的延伸信息服务，主要包括新浪、网易、搜狐、腾讯等互联网门户网站，在其合法的互联网新闻业务基础上，于手机 WAP 平台开展的业务延伸。第三，以免费为主的第三方独立 WAP 网站提供的资讯信息服务，如 3G 门户、WAP 天下等第三方独立站点，都已经取得了一定的影响力。随着 4G、5G 等高速网络和智能移动终端的普及，WAP 网站的服务范围将逐渐缩小，并可能在不久的将来退出历史舞台。

（二）MMS 技术

MMS（即彩信）是移动通信 2.5G 时代的主要增值业务之一，由于其相较短信（SMS）业务具有更充分的多媒体功能，因而正逐渐成为一种崭新的媒体形式，信息提供方式主要包括：一是移动运营商自主提供的彩信手机报业务。例如，中国移动提供的《全球通专刊》《动感地带专刊》等。二是移动运营商通过整合传统媒体资源打造的彩信手机报业务。例如，早在 2005 年初，杭州移动就与杭州日报报业集团合作开发一系列包括《杭州日报》《每日商报》《都市快报》等传统报纸的手机版本。三是移动运营商旗下各 SP 自行开发的各种彩信杂志，通常以包月形式提供，如 TOM 的《新闻空间站》《财经视野》等，遵循 SP 常规的商业模式。

（三）客户端软件信息媒体技术

随着 3G、4G 技术的推广和移动互联网的普及，手机端应用逐步走向大众生活。客户端软件信息媒体是指通过在手机上安装拥有联网功能的客户端软件，经由 GPRS、CDMA 等 2.5G 网络远程访问新闻信息服务，并进行充分互动的新媒体形式，主要包括：一是手机软件应用程序。基于 iOS、Android、Symbian、Windows Mobile.Linux 等技术平台开发的客户端程序，如 Pica、移动 QQ、中国移动"飞信"、微信等，可以让用户在手机应用程序中使用聊天室、博客、资讯阅读等多项功能，或者集成 RSS 阅读、手机论坛等信息互动服务。二是基于移动 ash 技术的信息服务。由互联网上高度普及的 ash 技术移植到手机终端上的 ash Life 平台，可以在免安装的前提下进行各种丰富的多媒体信息互动服务，如资讯浏览、动画放映、休闲游戏等。在 3G 发达的日本，已有 70% 的手机网站都采用了 ash 技术。2012 年 ash 退出 Android 平台，正式告别移动端。三是基于流媒体播放软件的新闻信息服务。由部分独立 WAP 网站开发的手机流媒体播放软件，安装到手机后可以实现基于 2.5G 移动网络远程访问音频、视频内容，并实现在线播放，目前主要包括 3G 门户开发的"GGTV"、腾讯开发的"QQ 世纪风影院"等。

（四）移动数字多媒体广播业务

中国移动数字多媒体广播（China Mobile Multimedia Broad Casting，CMMB）是国内自主研发的第一套面向手机、PDA、MP3、MP4、数码相机、笔记本电脑等多种移动终端的系统，利用 S 波段卫星信号实现"天地"一体覆盖、全国漫游，支持 25 套电视节目和 30 套广播节目。2006 年 10 月 24 日，国家广播电视总局正式颁布了中国移动多媒体广播（俗称手机电视）行业标准，确定采用我国自主研发的移动多媒体广播行业标准。CMMB 由国家广播电视总局管理，其负责的电影、电视、广播载体，具有丰富的电视内容资源。CMMB 是 2008年奥运会新媒体的传播载体，CMMB 行业标准规定了在广播业务频率范围内，移动多媒体广播系统广播信道传输信号的帧结构、信道编码和调制，该标准适用于 30MHZ 到 3000MHZ 频率范围内的广播业务频率，通过卫星和 / 或地面无线发射电视、广播、数据信息等多媒体信号的广播系统，可以实现全国漫游，传输技术采用 STiMi 技术。

（五）移动博客

移动博客是互联网博客业务在手持终端的延伸，旨在通过 WAP 和客户端软件等形式，让用户通过手机就可以完成对博客的内容生产、发布、阅览、管理等工作。移动博客服务主要包括以下三个方面业务：一是现今主流的互联网BSP（Blog Service Provider）均已在 2.5G 移动网络上用不同形式提供了移动博客的服务，如耳熟能详的新浪、BLOGCN、MSN Spaces 等。二是各个独立的无线服务提供商，如 3G 和 4G 门户、Pica 等也早已提供了移动博客的业务，并取得了较好的市场效果。三是移动运营商开始参与移动博客的市场。中国移动在大力推广其 IM 业务的同时，逐步开展了移动博客的服务，并联合多家媒体举办了长达 5 个月的移动博客大赛等活动，塑造了极大的社会影响力。移动博客主要有以下两个特点：一是灵活的社会关系网络。社会关系网络是移动博客业务的核心，移动博客为客户提供个人空间与关系管理，允许单向跟随（类似粉丝），同时提供互动功能，使松散关系更具凝聚力。二是融合的通信交互方式。每个用户用以选择多种自己熟悉的发布与接收方式，消息的及时性强，很多新闻事件都是通过此方式发布出来的。

（六）移动搜索引擎

随着移动网络上资讯内容的极大丰富，源自传统互联网的信息搜索引擎，快速在手机平台上得到普及。目前国内应用的主要移动搜索引擎包括：一是传统互联网搜索引擎的移动版本，如 Google、百度、360 的单机版本等，功能与体验基本上延续了原先的互联网版本。二是移动运营商提供的官方搜索引擎。目前各移动运营商主要通过与传统搜索引擎公司深度合作来提供搜索业务，如中国移动与搜索巨头谷歌在 2007 年联合宣布，将在中国提供基于移动和互联网的搜索服务，中国联通和国内最大的搜索引擎百度开展了类似的合作。Apple 和微软就使用 Bing 取代 Google 成为 iPhone 默认搜索引擎的问题进行协商。在中国，搜索企业和移动运营商的合作看似有形成主流的趋势。三是第二方专业手机搜索引擎，以客乐品尚（CGOGO）等公司为代表的专业手机搜索引擎，已经在独立 WAP 领域产生了一定影响力。但从长远看来，实力弱小的第三方手机搜索引擎将被强势的主流品牌所淘汰。

二、移动新媒体的应用

依据信息载体的不同，移动新媒体可以分为以下两类。

（一）手持移动新媒体

智能手机的出现，极大地改变了人们之间信息沟通和信息传播的方式，它不仅是一种通信工具，而且成为继报纸、广播、电视、网络之后的"第五媒体"。目前中国已经成为全球最大的移动通信市场，中国手机用户已经超过全欧洲国家手机用户总和。受到手机使用方便等特征的启发，国家广播电视总局组织开发了手持电视收视设备。

手机在语音信道之外有了专用的数据信道，使手机在数据通信速率上获得较大幅度的提高，具有了能够流畅地接收图像信号和视频信号的能力。手机正在用一种 21 世纪的方式向渴望得到新闻又忙于赶路的公众提供一种"日常生活的指南"和"快乐阅读的享受"，它以手机报、手机电视、手持电视等方式为用户提供资讯。

对手持移动新媒体而言，它们有以下一些共有特性。

1. 便携性

手持终端小巧玲珑，方便携带，随时随地与人相伴，基本不受时间、空间等自然条件的限制，可以很方便地把受众从客厅、电脑桌前"解放"出来，实现真正随时、随地、随身的信息访问。

2. 互动性

无论是手持终端还是局端设备，都已经具备了相当的计算能力，在此基础上可以实现丰富的互动功能，手机游戏便是典型的例子。

3. 私密性

与传统大众媒体不同，手持媒体通常为私人独立使用，使用者在体验过程中可以很好地保护自己的隐私，不受他人的干扰，并在此基础上进行丰富的个性化定制。

4. 跨媒体性

凭借强大的移动网络支持，手机等手持媒体可以很方便地与报纸、广播、电视、互联网等其他媒体形成紧密的互动。

5. 增值性

手机平台可以实现灵活的计费目标，这是传统媒体一直无法企及的。在此基础上，移动新媒体可以创造除固定收益外的更多边际收益，甚至以后者为主体。

（二）机载移动新媒体

机载移动新媒体主要是指机载移动电视，其是以数字技术为支撑，通过无线数字信号发射、地面数字接收的方式播放和接收电视节目的一种电视传播媒介。机载移动新媒体主要是指公交移动电视、列车移动电视、轮船移动电视和航空移动电视。作为一种新兴媒体，移动电视的迅速发展出乎人们的意料，它具有覆盖广、反应迅速、移动性强的特点，除具备传统媒体的宣传和欣赏功能外，还具备发布城市应急信息的功能。

对公交等移动电视来说，收视人群流动性大，观看节目时间比较短，注意力也容易分散，"强迫收视"成为其最大的特点。公交移动电视的强制性传播是指受众身在公交车上没有选择其他电视频道和电视节目的余地。这种受众被动接收信息的状态，无疑会降低公交移动电视的美誉度，然而目前尚无良策改变这种状态，这就决定了移动电视播出的节目在内容和编排方式上都与传统电视有较大不同。如果移动电视仍然沿袭传统电视频道的运作理念和节目编排，移动电视与传统电视的差异性就无法得到体现，市场占有率也就无法提高。不过，传播内容的强制性也有利于拓展"无聊经济"的巨大利润空间，移动电视正是抓住了受众在乘车、等候电梯等短暂的无聊空间进行强制性传播，使消费者在别无选择时被它俘获，这对某些预设好的内容（如广告）来说，效果更佳。

由于移动新媒体可以伴随人们出行，并在旅途中为公众提供各种信息服务，因此功能独特，备受追捧。铁路（已成高铁和动车必有服务项目）、航空、水运等部门也积极利用移动新媒体，或传播企业形象，或提供公共信息服务，或做产品营销广告，不做新媒体的企业已经被视为缺乏竞争力的一种表现。

三、移动新媒体发展趋势

（一）个性化订阅内容服务

个性化订阅的概念，主要来自近年来风靡互联网的 RSS 技术，旨在通过建立网际通行的内容数据规格标准，来促进站点与站点之间的内容共享，并方便用户对来自不同内容源的内容信息进行统一订阅。

由于 RSS 技术的开放特性，已经有越来越多的移动应用开始为其提供良好的支持。国内最佳的互联网 RSS 阅读器"抓虾"已经在 2007 年初公开发表了其 RSS 定制阅览服务的 WAP 版，受到众多网友的青睐。"拇指天空"等第三方的客户端软件；已经率先提供了基于客户端丰富体验的 RSS 订阅服务，从五花八门的世界新闻到个性十足的明星博客，都可以通过 RSS 实现完美而灵活的定制化阅读，这不得不说是媒介史上的一场革命。

在 2.5G 时代，移动媒体上的内容主要依赖用户终端的主动访问和运营商 /服务商局端的主动推送。前者的随机性和后者的强制性均会给相应的商业模式带来极大的不稳定性，并产生脆弱的泡沫，而以 RSS 为代表的个性化订阅内容服务，则可以很好地解决这个两难的问题，既可以满足用户的个性化需求，又不会产生多余的强制推送垃圾信息，可谓两全其美。

（二）在线直播

移动新媒体作为人们在移动状态下唯一可用的互动媒介，如果能巧妙地用于各种宣播内容的传递，将能够创造诸多新颖的业务亮点与可观的客户价值。在重大新闻事件、体育赛事等领域，直播内容有着广阔的市场空间。例如，美国职业篮球联赛（NBA）的赛事直播，可以通过采用不断刷新 WAP 文本页面的方式，来达到文字直播的积极效果。对出门在外的用户来说，能够不受空间限制地实时接收到其所关注的赛事最新动态，这是极好的互动经历。5G 时代的到来，基于音频、视频的现场直播也已经在手机上实现，并带来更好的用户体验。

（三）用户创造内容

在移动新媒体时代，用户既是数字内容的消费者，也是数字内容的生产者。目前，2000 万像素的摄像头已经成为主流多媒体手机的标准配置。手机拍摄效果已经开始接近并超过低端的数码相机和数码摄像机，这大大增强了用户创造内容的信心。与此同时，各大手机终端厂商正不断往手机中加入诸如乐曲编辑、图像加工、视频后期处理等丰富功能。平日里小巧玲珑的手机，正在成为重要的数字内容生产力工具。这个由量变走向质变的过程最终将导致移动新媒体产业的巨大变革，用户创造的内容将会走上前台，并占据无比重要的地位。

（四）互动视频业务

对 3G 时代而言，视频服务无疑是旗舰业务。但是，单纯的视频下载业务或简单的视频点播（VOD）业务已经无法满足用户日益增长的个性化互动需求。如何在传统的视频内容中加入互动元素，最大限度地提升用户的参与感，将是移动运营商提高客户黏性而需要面对的主要挑战。传统电视的选秀投票类娱乐节目受到播出时间、节目容量和人数限制等多方面因素的制约，而手机平台由于其倚靠的是强大的移动网络和数据服务支撑，故不会受到这些因素的制约，反而大有超越现有节目形式的机会和更多新鲜创意的想象空间。

四、内容与社区结合

（一）视频业务是主流应用

从技术上看，4G 的一个独特优势就是网络频谱宽、通信速度快。尽管 3G 移动通信技术也可以实现多种类型的多媒体通信，但其本身存在带宽能力不足、通信质量较差、造价成本较高等问题，使视频内容的发展仍然存在难以突破的瓶颈。4G 技术上网速度快、延迟时间短，能够提供 4 到 10 倍于 3G 网络的吞吐量。4G 移动网络完全可以超过目前有线宽带的服务质量，使视频通话、高清电视、电影下载等对网络运行速度要求很高的服务将不再受到困扰，这将明显改善视频消费的现状。随着 4G 技术的普及和发展，视频内容的生产和传播将进入一个爆发式增长时期。

（二）技术内容是双轮驱动

从传播角度看，能够便捷快速地接触到传播内容是用户的一个基本需求。传播渠道和传播内容一直是一对矛盾，每一次传播渠道的拓展和改进，都会对传播内容的传播产生巨大的促进作用。

4G 时代，在移动终端上不仅能够快速地传输文字、图片和音频内容等深受用户欢迎的内容，也同样能够便捷快速地传输给用户这一技术上的进步，使4G 时代媒体的传播内容和传播渠道之间建立了更为紧密的关系。

媒体要想获得竞争力和影响力，要么不断创新内容，要么不断改进传播渠道。在当今用户为主的时代，在 4G 的背景下，那些能够将媒体优质的服务内容和便捷快速的传播渠道结合在一起的媒体，无疑是最具竞争力的媒体。

（三）即采即播是重要流程

4G 技术带来了媒体内容采集及生产加工手段的深刻变革。4G 信号具有传输速率高、时延短、网络质量稳定的特点，在高速运行中依然信号平稳、业务流畅，适合用于广播和电视直播。

借助 4G 移动终端，新闻制作可以更多地在现场完成，从而提升了新闻的采编效率。在 4G 技术条件下，原本需要借助卫星传输的传播行为，现在可以随时随地进行，极大地降低了媒体的采编成本。可以预见，未来基于 4G 的即拍即传将得到普及，电视直播可以摆脱卫星传输或有线电缆的限制，记者可以用最快捷、最自由的方式将现场画面传回机房，实现实时播出。

此外，4G 技术还可以打造多种多样的"自媒体"平台，鼓励用户直接创造内容，从而进一步丰富新闻线索和原始素材来源，这将促使专业的新闻策划团队从单一的传媒单位中分离出来，使传统媒体实现"采编分离""制播分离"。在 4G 技术下，记者采集回来的文字、图片、音视频素材，将通过统一的数字平台进行存储、管理、分发，并呈现在传统媒体、网站、App 客户端、户外屏幕等媒介上，实现真正意义上的"全媒体滚动播报"。因此，4G 技术有利于实现采编流程管理的数字化，打造全媒体的数字内容管理平台。

（四）移动互动是基本特征

国内有影响力的媒体单位都在微博、微信上开通了账号和服务号，进行内容的推介及发布。另外，一些媒体还在 Twitter、Facebook 等社交媒体上开设自己的媒体账号，进行内容的推广和发布。随着 4G 移动通信网络的普及和发展，以手机为主要载体的移动互联网在满足用户碎片化信息、碎片化娱乐的需求方面具有广阔的商业前景，4G 将催生更多的微阅读、微应用、微博、微信、微视频、微电影等"微"模式的新的业务形态。在 4G 时代，移动化、社交化、碎片化将进一步成为信息发布和消费的潮流。

（五）个性传播是主要趋势

随着社会经济的进一步发展，人们的生活水平不断提高，消费选择的范围不断扩大，生活方式及意识形态也呈现更加多样化的趋向。在 4G 时代，移动通信的便携性、移动性、时效性、私密性等特点，为媒体的个性化传播提供了更加便利的条件，而个性化传播将成为媒体优化信息、规避信息同质化、实现传播效果最大化的重要手段。在这一背景下，媒体的内容制作流程、标准和盈利模式都将发生变化。

个性化传播是从传统的以传播者为中心的大众传播，向现代的以用户为中心的分众传播转折的标志，它的基本特征是满足用户选择和定制信息与服务的需求。在 4G 时代，媒体不仅要向用户提供独特的个性内容和推送渠道，更重要的是要生产能够满足用户选择和定制需求的信息与服务。因为，在 4G 移动通信环境下，面对用户手中的移动终端，大众传播的信息和内容将越来越没有"落脚"之地，只有被用户选择或由用户定制的信息与服务，才是有效的和有价值的信息与服务，才能真正"落脚"到用户的移动终端上。

（六）用户价值是运营核心

进入 4G 时代，报刊、广播、电视、互联网等媒体的边界日渐模糊，新闻资讯内容不再稀缺，而用户的"注意力资源"成为最具价值的因素。媒体运营模式将从传统的广告模式向用户模式转型。

在 4G 技术条件下，移动新媒体以用户为中心，广告成为一个与用户实时互动的信息流。一方面，媒体要注重对广告主信息资源及隐藏在其后的产品资源、社会资源等进行开发与利用；另一方面，要注重对用户、潜在用户的信息资源以及隐藏其后的社交网络、人脉圈子资源进行开发与利用。在这种模式下，移动新媒体将构建起一种新的社会化的媒体营销模式。

第五节　社交新媒体与互动新媒体

如果说前四种新媒体的共同特点是由社会成员单独使用的话，那么社交新媒体与互动新媒体则主要是公民对新媒体的共同使用；如果说前四种媒体的使用主要是以增进知识和方便生活为目的的话，那么社交新媒体与互动新媒体则主要是为了建立网络社区甚至是为了形成舆论或者达成行动意向。因此，社交新媒体与互动新媒体就成为社会管理者高度关注的媒体形式。

一、社交新媒体

社交新媒体是人们用来进行信息交流活动和从事社会交往活动的一种网络工具，社交新媒体（特别是那些专门的社交网站）的强大互动功能，使新媒体用户可随时获得任何与他们息息相关的最新信息，并进行即时反馈，如讨论、留言、资料上传及分享给他人等。手机与互联网的无线连接，解决了信息到达"最后一公里"的问题，网络社交新媒体已经成为人们进行社交活动的"独门绝技"。

2012年初，全球知名新媒体研究专家布莱恩·索利斯发表了《社交媒体2011年状况》的分析性文章，认为社交媒体在2011年取得了高速发展，其社会影响力与日俱增。毫无疑问，社交媒体已经覆盖人们日常生活的各个方面，并正改变人们寻找和分享信息的方式与相互交往的手段。

当社交媒体成为人们文化生活的一部分时，任何社会化的活动都不能忽略其影响，哪怕是商业、政府以及体育组织。社交媒体正在影响着人们的行为，而这种影响力往往能左右人们最终做出的决定。

（一）社交媒体对公众生活的深刻影响

世界著名的市场调查公司尼尔森于2012年底发布的针对社交媒体的报告显示：社交网站和博客占据美国新媒体用户时间的比例接近25%。

活跃新媒体用户中（每天上网）有4/5会访问社交网站。

在全球十大互联网市场上，超过 83% 的活跃新媒体用户使用社交网络和博客。

在使用三种或三种以上数字方式搜索产品信息的用户中，有 60% 是从社交网站上获得品牌或零售商信息的，而这些用户中又有 48% 会关注零售商发布在 Facebook 或 Twitter 上的信息。

有 70% 的活跃成年社交新媒体用户会网上购物，有 53% 的活跃成年社交新媒体用户会关注一个品牌，美国轻博客运营商 Tumblr 的受众人数在 2011 年一年内翻了三倍。

这些数字说明，社交媒体已然进入人们日常生活，我们不能回避社交网络。

（二）女性是社交网络的主体

尼尔森报告显示，18~34 岁的女性是社交网络的主要活跃群体。在美国，35~49 岁的女性是社交网络活跃用户，她们访问社交网络和博客网站的次数要比访问其他网站的次数多 4%。数据表明，50 岁以上人群热衷于社交网络，该人群使用 Facebook 等社交网站的比例在 2012 年激增了 88%。这些用户上网除获得音乐、浏览网站以及实现 GPS 功能外，最主要的就是访问社交网络。这意味着了解社交网络显得非常重要，如果商业运作不重视相应的社交网络体验的话，那么就会错过接触巨大客户源的良机。

（三）社交网络对用户线下行为的影响

社交网络的影响力在线下的作用超过其他媒体，消费者相信同辈人所做出的推荐。NM Incite 的研究显示，有 60% 的社交媒体用户对产品和服务发表过评论，而其他新媒体用户的评论则是消费者选择商品的重要考量依据。有 33% 的用户愿意分享他们对电视节目的看法，有 75% 的用户愿意在音乐产品上多花钱，有 50% 的用户愿意在衣服、鞋子以及其他饰品上消费。

（四）社交化已成新媒体发展趋势

尼尔森公司调查表明，社交媒体已覆盖生活的方方面面，社交网站火爆已成全球现象。该调查显示，社交网络和博客是新媒体用户访问最多的网站，在以下 10 个国家里至少有 60% 的互联网活跃用户使用社交网络和博客，使用强度顺序依次为：澳大利亚、巴西、法国、德国、意大利、日本、西班牙、瑞士、美国、英国。当下新一轮社交化浪潮呈现出明显的双向化发展趋势。一方面，从事其他品类的互联网企业纷纷进军或拓展社交产品，尝试将社会性网络服务

（SNS）的基因植入现有产品中，实现产品的"社交化"；另一方面，社交网站开始向其他相关业务品类拓展，相向而行。电子商务、搜索、音乐、视频等各项互联网应用逐渐与社交全面融合，人们乐于在社交网络分享见闻、分享观点。

二、互动新媒体

互动新媒体最主要的特征是互动，社交媒体、网络游戏成为互动媒体的主要代表。由于社交媒体的出现，人们回到了社会化、可以互动的媒体时代。微博、微信不仅是一个媒体平台，因为内容的聚合、分享和沟通，产生了一个非常有价值的用户平台，形成更多有价值的互动舆论，微博、微信也已经变成信息和新闻事件的来源。

平台如果能让参与者任意发布信息，会给其带来很大的便利性，但同时必然会带来很多负面的影响。微博可以让正面的信息传播得非常快，也可以让谣言传播得非常快。事实上，谣言的传播速度可能更快，并且事件影响往往会被放大。因此，在认识到社交网络可以对人们的生活和工作起正面作用的同时，也要防范社交网络可能对社会稳定产生的消极影响。特别是微信公众平台，其可以实现一对多传播，信息到达率高，深受用户追捧。微信公众平台于2012年8月18日正式上线，通过这一平台，个人和企业都可以打造一个微信公众号，并实现和特定群体的文字、图片、语音的全方位沟通与互动。微信公众平台是企业进行业务推广的一个有力途径。微信公众平台的传播方式是一对多的传播，直接将消息推送到手机，因此到达率和观看率几乎是100%，已有许多个人或企业微信公众号因其优质的推送内容而拥有数量庞大的粉丝群体，借助微信公众号进行植入式广告推广，由于粉丝和用户对微信公众号的高度认可，不易引起用户的抵触，加上其高到达率和高观看率就能达到十分理想的营销效果。

社交新媒体是指通过互联网寻找、结交和强化朋友关系的媒体，互动新媒体则主要是通过即时通信工具提供技术支撑，为互动双方提供即时通信交换功能的一种媒体形态，借助的主要技术是即时通信工具。

即时通信是一种终端连接即时通信网络的服务，它与E-mail的不同之处在于它的交谈是即时的。大部分的即时通信服务提供了状态信息的特性——显示联络人名单、联络人是否在线、能否与联络人交谈，目前在互联网上受欢迎的即时通信软件包括 QQ、MSN Messenger、AOL Instant Messenger、Yahoo!Messenger、NET Messenger Service、Jabber、ICQ 等。

（一）网络会议程序

网络会议是一种常见的网络互动方式。网络会议具有对内的开放性和对外的保密性双重属性，因此它是在系统内部的互动媒体。为了满足上述要求，近年来，许多即时通信服务商专门开发网络会议程序，系统提供视讯会议、网络电话（VOIP）与网络会议服务功能，使用即时讯息工具将网络资源整合为兼有影像会议和讨论互动功能的即时通，各方对会议主题的反应一清二楚，与现场会议并无二致。

（二）聊天工具

如果说有组织机构、研究主题、特定目的和相应程序的网络交流是网络会议，那么，既无须组织出面，也不事先设定话题和不必遵守固定程序的网络交流，就可以称为网络聊天。网络聊天必须借助于聊天工具。这些服务的许多想法都来自历史更久的在线聊天协议——IRC，腾讯公司推出的腾讯 QQ 迅速成为中国最大的网络聊天工具。

腾讯 QQ 作为当前中国普及度最高的即时通信软件，随着时代的发展，已经逐渐成为集交流、信息、娱乐、搜索、电子商务、办公协作和企业客户服务等于一体的综合化信息平台。

通过与同类具备聊天功能的即时通信工具对比，能够发现腾讯 QQ 依靠母语优势、安装申请流程简易、界面友好三大特质而得以脱颖而出。在早期的发展过程中，腾讯 QQ 依靠其明晰的受众定位在年轻人中拥有绝对多的用户数量，占据了市场 90% 的份额。其通过分析广大用户的心理和需求，明确产品内容功能定位，认定只有明显差异化的产品才可能长期吸引用户群体，从而形成固定的用户群。腾讯 QQ 可以对产品内容和功能的定位做到"细致的简单"，完全迎合了用户的需求和习惯，通过这些无形因素给用户带来最好的体验，从而从其最早发展即时通信业务的无盈利模式，到其用户数量的迅速扩张逐渐很自然地"带来"适合其特点的盈利模式，最后成功在中国香港上市，成为即时通信领域的领头羊。腾讯 QQ 成功的原因，与其自身的媒介特点密不可分，即致力于为用户提供最好用、最愿意用的平台，不断扩大用户数量，体现网络传播效果。

（三）网络游戏

网络游戏是最具互动性的网络互动媒体。无论是"偷菜""植物大战僵尸"还是斗地主、打麻将，即时互动都是最基本的要求。

网络游戏也称"网游"或"在线游戏"，是以互联网为传输媒介，以游戏运营商服务器和用户计算机为处理终端，以游戏客户端软件为信息交互窗口，旨在实现娱乐、休闲、交流和取得虚拟成就。具有可持续性的多人在线游戏，玩家必须通过互联网连接来进行多人游戏。

网络游戏品种繁多，有战略游戏、动作游戏、体育游戏、格斗游戏、音乐游戏、竞速游戏、网页游戏和角色扮演游戏等。依据技术来划分，网络游戏目前的使用形式可以分为以下两种：

第一种叫作"浏览器形式"，这是基于浏览器的游戏，也就是我们通常说到的网页游戏，又称 Web 游戏，简称页游。这是一种基于 Web 浏览器的网络在线多人互动游戏，无需下载客户端，只需打开 IE 网页，10 秒钟即可进入游戏，不存在机器配置不够的问题，关闭或者切换极其方便，尤其适合上班族。这个类型及题材非常丰富，典型的类型有角色扮演（功夫派）、战争策略（七雄争霸）、社区养成（洛克王国）、模拟经营（范特西篮球经理）、休闲竞技（弹弹堂）等。

第二种叫作"客户端形式"，这是一种由公司所架设的服务器来提供的游戏，玩家们通过公司所提供的客户端来连上公司服务器进行游戏，现在称为网络游戏的大都属于此类型。这类游戏的特征是大多数玩家都会有一个专属于自己的角色（虚拟身份），而一切角色资料以及游戏信息均记录在服务端。这类游戏大部分来自欧美以及亚洲地区，有魔兽世界、穿越火线、EVE、战地、最终幻想 14、天堂 2、梦幻西游、英雄联盟等。

根据游戏的种类可以将其分为以下几类。

（1）休闲网络游戏。登录网络服务商提供的游戏平台后（网页或程序），进行双人或多人对弈的网络游戏。一是传统棋牌类。如象棋、桌上游戏、皇家德州扑克、电动扑克、连环夺宝、彩金轮盘等。提供此类游戏的公司主要有腾讯、联众、新浪等。二是新形态（非棋牌类）。这类是根据各种桌游改编的网游，如三国杀、UNO 牌等。

（2）网络对战类游戏。玩家安装市场上支持局域网对战功能的游戏，通过网络中间服务器实现对战，如 CS、星际争霸、魔兽争霸等。主要的网络平台有盛大、腾讯、浩方等。

（3）角色扮演类大型网上游戏。RPG类用户扮演某一角色，通过任务的执行，使其提升等级得到宝物等，如大话西游、倩女幽魂、月光宝盒等。提供此类平台的主要有盛大等。

（4）功能性网游。非网游类公司发起借由网游的形式来实现特定功能的功能性网游，如由简股市气象台（基金与投资机构开发用于收集股市趋势与动态）、学雷锋OL（盛大出品的教育网游）等。

第六节　社群新媒体与公共新媒体

一、社群新媒体

社群新媒体有时也被称为社区新媒体。人们上网，在很多情况下是由于在现实世界找不到情投意合的同辈群体，于是就改到网上寻觅知音，从而形成了网上社区。能够帮助新媒体用户建立网上社群的媒体，就是社群新媒体。社会群体，是指由两个或两个以上的具有共同认同感和团结感的人所组成的集合，群体内的成员相互作用和影响，共享着特定的目标和期望。社群既包括广义的关系松散的群体，也包括狭义的高度组织化的群体。社群新媒体就是为了方便人们结成网络社群而开发的一种媒体工具，它为人们提供了全新的互动领域与交往空间，当人们接入互联网并开展互动活动时，网络社群便诞生了。

网络社群的出现，是现代社会条件下的一种"自我赋权"。赋权一般被定义成"给予权力或权威；给予能力；使能，给机会"。哈佛大学著名管理学家奎因·米勒指出：赋权是描述一种管理风格，其含义非常接近授权，但是如果要进行严格的定义，赋权是指下属获得决策和行动的权力，它意味着被赋权的人有很大程度的自主权和独立性。赋权是指发展积极的自我能力意识，对周围的社会政治环境有一个批判性的、分析性的理解和认识，同时可以增加个人和集体的资源。网络社群正是借助新媒体的力量从而实现了自我赋权。

在信息社会，规定权力和财富性质的规则已经改变，传统权力形态正在转化为信息与知识的形态，呈现出知识化倾向，在一定程度上，拥有信息即拥有权力。运用知识权力的一个重要方面就是努力控制信息的生产与流通，知识和信息的分配必然影响权力的分配。美国未来学家阿尔文·托夫勒指出，知识重新分配后，建立在知识上的权力也将重新分配。

二、公共新媒体

与网络社群新媒体紧密相连的是公共新媒体。如果说社群新媒体是为社会提供网络集合通道，那么，公共新媒体则是为社会意见的网络集合提供可能。人们结成网络群体，最基本的凝聚力量就是他们所持有的意见大体相同，从这个意义上说，网络社群新媒体往往也就是网络公共新媒体。

近年来，我国公共新媒体蓬勃发展，各种公共新媒体形式纷纷出现，发展最为迅速的是新媒体电视，由于有广告商和传统媒体的推动，全国共有若干家新媒体电视运营商在运营推广。以地区为例，北京地区有北广传媒、世通华纳、巴士在线、DMG 四大运营商，独立运行；武汉地区则主要是世通华纳和巴士在线平分公交线路。

三、SNS

SNS 是应用最广、影响最大的社群新媒体，对 SNS 的分析有助于我们深刻了解社群新媒体的内在规律。

（一）什么是 SNS

SNS 有两种解释：一是 SNS（Social Networking Services），即社会性网络服务，旨在帮助人们建立社会性网络的互联网应用服务，也应加上目前社会现有已成熟普及的信息载体，如短信 SMS 服务。二是 SNS（Social Network Site），即"社交网站"或"社交网"。

SNS 是根据六度分割理论创立的面向社会性网络的互联网服务，通过"熟人的熟人"来进行网络社交拓展。但"熟人的熟人"，只是社交拓展的一种方式，并非社交拓展的全部。因此，现在一般所谓的 SNS，其含义已经远不止"熟人的熟人"这个层面，如根据相同话题进行凝聚（如贴吧）、根据学习经历进行凝聚、根据周末出游的相同地点进行凝聚等，都被纳入"SNS"的范畴。

SNS 是采用 P2P 技术构建的基于个人的网络基础软件。在互联网中，PC 机、智能手机自身都没有强大的计算及带宽资源，它们只有依赖网站服务器才能浏览、发布信息。如果将每个设备的计算及带宽资源进行重新分配与共享，这些设备就有可能具备比那些服务器更为强大的能力。这就是分布计算理论诞生的根源，是 SNS 技术诞生的理论基础。通过分布式软件编程，将现在分散在个人设备上的 CPU、硬盘、带宽进行统筹安排，并将强大的能力赋予这些相对服务器来说很渺小的设备，这些能力包括：计算速度、通信速度、存储空间。

（二）SNS 的技术服务

SNS 是构筑网络基础的软件，经营它不需要购买投入硬件资源和其他软件资源，它以 P2P 方式传输信息和建立社区，不需要任何服务器，可以广泛应用于 SNSP2P 网络电视、SNSP2P 内容收费化、SNSP2P 个人信息中心、SNSP2P 企业工作流中心、SNSP2P 基础硬件市场等各个领域。

中国有关 SNS 的应用主要包括以下两方面。平台类：如腾讯，QQ.com（以即时通信为基础的 SNS 平台）；百度，baidu.com（以搜索为基础的 SNS 平台）；阿里巴巴，alibaba.com（以商务应用为基础的 SNS 平台）；一起网，yiqi.com（以开放式社会化网络结构为基础的 SNS 平台）。应用类：如工具化 SNS、IT 专业人士 SNS、文化类 SNS 等。

（三）SNS 的缺陷

SNS 的缺陷主要有以下三个方面。

第一个缺陷是在内容分类与筛选方面。由于 SNS 是以人为中心来组织信息的，而人的需求爱好是多种多样的，因此信息不可避免是五花八门的。即使是一些垂直的 SNS，经过一段时间的运营之后，里面的话题也会变得五花八门，偏离创立初衷。

第二个缺陷是内容的沉淀与积累。SNS 社区的信息常常被"好友关系"分割成一个一个的"孤岛"，即使是非常大的 SNS 的社区，用户也只能接触到其中很小一部分，如果朋友没有推介，很多信息根本就看不到。

第三个缺陷是和搜索引擎的互动。由于用户产生内容的门槛很低，SNS 社区每天都产生大量的页面内容，搜索引擎虽然在收录 SNS 社区页面方面没困难，但在判定页面主题、决定页面权重方面有很大的难度。

第三章 新媒体与传统媒体的比较

第一节 新媒体与传统媒体的议程设置过程比较

本节以"河南考生李盟盟事件为例",在分析讨论微博和传统报纸的议程设置方式的差别之前,首先介绍下该案例。

一、案例回顾

2010年8月12日,在百度贴吧河南吧里出现了一条名为《开封县县招办把我的大学梦毁了》的帖子。帖子叙述到:我叫李盟盟,是河南开封县陈留四中的学生,今年高考分数565分。由于今年实行网上报志愿,第一次我在家乡的网吧上报没有成功,打电话问老师,老师说去县招办提交,由于县招办工作人员的失职把我的志愿申请锁在柜子里忘了提交,导致我上大学的目标不能实现,我真的不想失去自己的梦想。我是农村家庭的孩子,家境贫寒上学不容易。为了供我上学,父亲外出打工时把腿摔断了。妹妹的学习也很优秀,由于家里没钱供我们两个同时上学,妹妹只好辍学外出打工供我上学,希望我能考上理想的大学,走出农村并找到一份稳定的工作,帮家里分担,没想到一家人的梦想彻底破灭,我现在实在走投无路,恳请社会各界的正直人士能为我说句公道话,帮我实现上大学的梦!在此谢谢大家!

二、传播过程

资料收集的范围:2010年8月12日—8月22日。

样本来源:"新浪微博"是样本之一,其他论坛及博客根据其影响力大小及对事件报道的先后顺序,有重点地选择。

在内容上是根据帖子及博客的点击率及内容的代表性进行报道。

传统媒体:根据对"河南考生李盟盟事件"报道的先后顺序及其评论的代表性,有重点地选取;在内容上侧重对各个传统媒体的评论观点。

当事人李盟盟在发现自己由于县招办工作人员的失职没有及时提交填报高考志愿而未被任何大学录取以后,于 2010 年 8 月 12 日在"百度贴吧"上发表帖子《开封县县招办把我的大学梦毁了》,详细讲述了事情的经过。当天,这个帖子并未引起很多人关注,仅仅有一条回帖而已,并且是表示无能为力的消极观点。

8 月 18 日《成都商报》的记者在帖吧中发现了这一帖子,于是带着好奇心去调查了这一事件,发表了《招生办忘记提交高考志愿,谁来赔她的大学梦》的报道,引起了社会的关注。此时帖吧中虽然出现了更多关注这一事件的网民,但是人数仍然不多。直到 8 月 19 日,媒体人梁树新在新浪微博上发表了一条关于李盟盟事件的微博,立刻引起了微博大量用户的关注。数据显示,当天就被转发了两万多次,评论 4000 多条。用户纷纷表示支持李盟盟,希望可以彻底调查事件的真相,可见微博的影响力之大。

三、新媒体的议程设置过程

美国网络新闻学创始人丹·吉尔默曾在他的《我们即媒体》一书中宣称,"个人电脑的出现、BBS 的发展,大大改变了人们被动接受新闻的状态,而 blog 的兴起,真正开启了新闻的'开源'运动"。从 Web2.0 时代起,人们就开始谈论新媒体对传统媒体的冲击。

微博的诞生则是 Web2.0 技术的思想和应用的提升,被称为 Web3.0 时代的开端,其带来的深刻影响更加值得关注。平民化、随性化、圈群化、个性化、自发传播的特性,使微博的自媒体特征相较于博客更加凸显。微博使信息的发布有了新的渠道与模式。在微博中,人与人一传十、十传百,形成了一种全新的覆盖面更广、传播更为迅速、自主互动性更强的信息传播方式。

微博作为一种新兴的互动交流工具,正悄然地改变人们的生活,改写着媒体的历史,在网络世界中占据着越来越重要的位置。正因为微博这一媒介正发挥着越来越大的影响力,本节将选取微博作为新媒体的代表来作为重点研究对象。

相对传统媒体来说，微博在信息传播上具有先天的优势。作为社会性媒体，微博具有其他媒体难以超越的及时性、广泛性、深入互动等特点，其裂变式传播的特性又使其影响力剧增。唐骏学历门、方舟子遇袭事件、闽籍船长冲绳获释回国等热门消息，都是在微博上首发并向外传播的。

由于信息是利用网络进行的即时通信，只要有微博，就可以建立个人信息发布平台，自己为自己设置议程。利用微博，每个人都可以通过手机写信息并第一时间将正在发生的事情传播出去。140字符以内的限制对于消息的传播而言，完全能够包含新闻事件的核心要素。微博的核心是关注与被关注，用户关注他们感兴趣的人，只要这些人发布新的信息，用户就会收到通知。信息便由一点向外辐射开来，并使信息不断丰富，从而再次传播。微博传播是结合了人际传播与大众传播的特性，是多点对多点的多元互动的传播。这种新的传播方式使有着相似的爱好和兴趣的用户可以聚集到一起，关注的可能是他们所感兴趣的事件。

在当前的媒介环境下，传统媒体的议程设置功能相比新媒体在逐渐地减弱。有许多新闻事件都由网络媒体率先报道，然后由传统媒体进行跟进，最终形成舆论高潮。在微博影响力日益增大的今天，许多热点话题可能只是一个普通的微博使用者把看到的一件自认为具备新闻价值的事情发到微博上引起的。因此，能扮演记者角色的不仅仅是媒体工作者，每个微博的使用者都有可能是报道者，而媒体议程设置的局面也出现了变化。

以李盟盟案为例，在微博上首先由比较有威信的新浪认证用户梁树新，发表了关于李盟盟事件的情况说明以及向广大用户寻求帮助。内容简单扼要，可以让用户清晰地了解事情的经过。随后关注梁树新的用户便将他这条微博转发，这样一来，转发这条微博的用户的关注者同样也可以看到这条微博上的内容。由于这些互相关注的用户之间多少有着相似的价值观，所以他们之间容易引起共鸣。通过这种点对点的多元互动传播，仅仅在一天之内就被转发了2万多次，评论达4000多条。这说明此事件引起了大量用户的关注。在随后的几天中超过10万网友对微博进行了转发，2万多网友对原博文进行了评论。这个事情最后得到圆满解决，更是离不开这10万用户的支持。微博起到了其议程设置的作用。

概括来说，微博的议程设置的过程：事实—个体受众议程（转发，评论）—社群议程—公众议程。在新媒介环境下，事件（信息源）刺激个体，个体利用新媒介作为平台完成个体议程设置。接着在个体间进行传递，形成个体间议程设置。通过新媒介平台进行转发分享，再通过反复讨论、争论，议程不断被修订，最终形成社群议程。这样所形成的社群议程会由于众多媒介的介入，从单一媒介的议程设置扩展到多媒介的议程设置，最终成为公众议程。

这样所形成的公众议程，容易得到受众的广泛关注，从而促成议程在社会层面的解决，最终对个体产生实质上的影响。同时，这一过程不是闭合的，而是不断演进的，即使对某单一个体议程设置而言，新媒介环境下在社群议程设置作用于个体后，个体可以直接做出判断，并凭借新媒介平台继续进行社群议程设置的评判、修正，仍然会不断地推进其升级，会赋予更新的意义和价值，继而进入社群议程设置的下一升级演进过程中。这完成了议程设置形式上的一次流程。

在这一过程中，大众媒介的议程包括三个部分，即个体议程、社群议程和媒体议程，并且这一过程不是闭合的，而是不断演进的。其中，个体议程设置始终处于起点位置，而未必可以发生影响。在议程设置修订成型过程中，起到核心作用的是社群议程，其影响了媒介的议程设置，新媒介作为平台贯穿全流程。从个体议程到社群议程再到媒体议程，各个环节并不是孤立存在的，各个环节都是相互影响的，存在着重复性或反复性，每一个环节都可能导致议程设置功能效果发生改变，甚至是颠覆性变化。然而，这三个环节也存在多向发展的可能性和跳跃性，即可以不经过某些环节直接进入下一环节。另外，传统媒体在这一过程中也会产生影响。

四、传统媒体的议程设置过程

本节选取报刊这一传统媒体与微博的议程设置过程进行比较。报刊作为传统媒介是单向度的线性传播。由于反馈的滞后性，受众的声音很难参与传播的过程，从而不能对议题产生影响。由于传统媒介容量的有限性，使其媒介组织不能对任何信息都予以报道，而必须对社会中的事件和问题进行选择，并赋予一定的报道结构和秩序。然而，传统媒介通常与政治权力、经济权力联系在一起，同时被赋予某种权威性，其议程设置具有公信力和影响力。传统媒体在长期发展过程中，由于权威性、便利性、专业性等特点吸引了庞大的受众群体。某事件一旦经过传统媒体理性的分析与报道，就会成为人们关注的焦点事件，这也正是传统媒体为社会公众设置议事日程的过程。"李盟盟事件"能够有如此大的影响，报刊也发挥了作用。

李盟盟事件在传统媒体上最早是由《成都商报》的记者报道披露的。该记者先是在百度贴吧上看到了李盟盟发的帖子，随后在进行调查后发布。之后便被更多的报纸甚至电视台所报道。分析该报道的内容可以发现，报纸的报道更侧重事情的发展过程，并且用词严肃。与受众的互动不是及时的传统媒介议程设置功能。这样的报道虽然无法立刻引起受众的关注和反馈，但是因其具有公信力，对确认此事件的真实性发挥了很大的作用。

在《成都商报》报道了李盟盟事件后，更多网友纷纷表示对李盟盟的支持，其中不少网友提到了《成都商报》的报道，可见其使李盟盟发帖子的真实性有所提高。

可见在这个案例中，报刊的议程设置过程是：事实—网络议程—传统媒介议程—个体受众议程—公众议程。在这一过程中，传统媒体的议程设置过程发生了变化。传统媒体议程设置理论认为，作为信息接收者的受众没有能力制造议程，更谈不上主动传播，媒介等同于单一的媒体，大众媒体承担了议程设置的主导任务，传统媒介环境下的受众是被动接受议程的。

由于传统媒体的单向传播模式，受众只有通过媒体来了解社会，个体和群体的作用既没有被考虑在内，也没有发挥影响作用。因此在传统媒体环境下，个体没有被看作议程设置的激发点，即使看到受众因为使用新媒介而产生的影响，但仍认为其是基于媒体议程建立起来的。简单来说，传统媒体就是单一的议程来源，媒介议程影响了公众议程，各个环节之间紧密联系，这个过程是闭合的。在新媒体环境下，这一过程的确发生了变化，传统媒介议程不再是起始点，网络议程对其产生了影响，并且这种影响越来越不可忽视。

五、新媒体对传统媒体进行议程设置

前面已经通过分析案例简要介绍了微博和报刊的议程设置过程。通过对两者进行比较，可以发现两者间存在着不少互动的环节。

首先，新媒体与传统媒体之间存在着议程设置。网络中的议题成为大众媒体报道的内容。如今许多传统媒体的报道内容不仅通过原有的渠道进行信息的采集，网络也可以成为传统媒体采集信息的重要途径。许多引起社会关注的议题，都是从网络公众议程发展成为传统媒体议程的。另外，许多网络中被网民所关注的问题，也可以进入传统的媒介议程。在网络上流行的"人肉搜索"实际就是对议程的设置，即网民在网络上，自发对某一事件进行调查，并延伸到现实中。我们可以发现网络媒体与传统媒体间的议题扩散，都会影响传统媒体的议程设置。

以本章所选取的案例来分析：报道这一事件的记者最早是在网络上获得消息的，是网络上的消息引起了其注意，通过调查研究后在报刊上发布出来。可见新媒介与传统媒介之间的议程设置关系越来越密切。自2003年以来，许多引起社会关注的议题，都是从网络公众议程发展成传统媒介议程的。这些议程演变的流程如下。

首先，议题在网络中发布，迅速引发网民关注和讨论，然后进入传统媒体议程；传统媒体经过对议题的选择和深化，使其更具权威性和影响力。可见传统媒体对网络媒体的议程设置过程有重构的作用。

其次，传统媒体可以强化事件的社会效应。相比网络媒体，传统媒体有较高的权威性。经过传统媒体特别是报刊发表的消息会使其本身的真实性提高。"李盟盟事件"能够有如此大的影响，传统媒体功不可没。8月18日之前，对"李盟盟事件"的讨论还仅仅局限在网络空间；8月18日，《成都商报》刊载了"李盟盟事件"的过程，众多媒体刊载与评论此事，使事件成为社会的焦点，成为人们的公共话题，强化了社会效应。

最后，传统媒体的报道引起了微博用户梁树新的关注，在微博上发表了这个事件的始末，并寻求帮助。被超过10万的用户转发，由个体议程最终成为公众议程。同时各大门户网站以及各大传统媒体也纷纷关注报道这一事件的进展和结果。

可见，网民对信息的转载和及时的意见反馈，可以增加网络议题的显著性和影响力。这种参与式的信息和意见的表达，无疑会影响传统媒介对事件价值大小的判断，并改变媒体的报道计划。同时网络媒介中越是反响比较激烈的议题，越会引发传统媒介的关注。可以说，公众具有了制造传统媒介议程的力量。传统媒介经过对网络议程的选择和深化，可以提升公众议程的权威性和影响力。这样传统媒介议程与社会公众议程形成双向互动、螺旋式前进的辩证互动关系，对发挥公共舆论的影响力起到积极作用。最终李盟盟在10万网友的帮助下，终于圆了自己的大学梦。

传统媒体与新媒体在议程设置过程中存在着互动，并对议程设置的效果都起到了一定作用。在新媒介环境下，传统媒体的议程设置过程被重置。传统媒体在议程设置过程中受到了网络议程的影响。

六、新媒体环境下议程设置的变化

通过对新媒体与传统媒体在同一事件中的议程设置路径比较分析，我们可以发现，议程设置理论在新媒体环境下发生了变化。

（一）议题设置的主体发生了变化

在网络出现以后，议程设置的主体不再是单一的大众媒体，公众只能作为议程设置的客体。在大众传媒和网络共同构建的新媒介环境中，公众和媒体包括传统大众媒体与网络媒体成为议程设置的共同主体。此外，个人议程也可以成为议程设置的起点和终点，是媒介议程的一个来源。

通过对网络媒体，特别是对微博的观察可以发现，并不是每一个网络媒体在新媒体环境中设置的论题最终都能够成为议题，其中主要的原因就是没有得到广大网民的关注和回应。因此，在新媒体环境中，媒体对公众的议程设置离不开公众的回应和参与，得不到公众参与和回应的论题已经很难奏效。同时，在新媒体环境下，由于公众既是议程设置的主体，又是议程设置客体的双重身份，因此公众完全可以在新媒体的平台中进行自我议程设置，即个体议程设置。

在新媒体环境下，人们凭借互联网、手机等新媒体成为议程设置者，并且对媒体产生实质性影响。个体之所以可以成为议程设置的主体，在于新媒体的传播权属于每个个体，而不是像大众传播媒介那样属于媒介组织。作为信息源和信息接收者的中介，互联网、手机等以日常工具的形式渗透于人们生活中，因此其已设置的议程有别于报纸、电视、广播等传统媒体自上而下的传播方式。新媒介作为一个平台，给个体提供了多样化的选择，颠覆了传统传播模式。

在无限的网络空间，每个个体都可以拥有自我的空间，他们发出自己的声音，并且可以大胆表达自己的意见，在网络快速以及强大的扩散功能下，个体的传播力与影响力得以放大。凭借着新媒体，人们进行着个体议程设置，并且进一步形成社群议程设置，两者共同影响媒介议程设置，最终影响公众议程设置。

（二）议程设置方式的变化

在新媒体环境下，人们的信息来源不断增多，传统媒体不再处于一个绝对优势的地位。与大众传播时代相比，传播权不再集中于传统大众媒体手中。当传播权集中于传统大众媒体手中时，人们只能依赖大众传播媒介来获取自己需要的信息，即通过各种新闻机构去了解超出自身感知范围以外的事物。因此大众传媒在很大程度上控制了人们对真实世界的感知，媒介构建了人们头脑中关于世界的图像。这就是媒介的议程设置，并且媒介控制的方式是选择与突出。学者总结归纳出了议程构建的六个步骤：报纸突出报道某些事件或活动—广泛报道—对突出报道的事件或活动赋予意义—语言的影响—次级象征联系—知名且可信的人的加入。其中被突出的事件及事件的某些方面会给人们留下突出的印象，并且被人们认为是重要的，人们会进一步根据事件被突出的程度对事件的重要性进行排序。

在传统媒体的传播权被新媒体分散后，人们可以利用新媒体这个平台来表达自己的愿望与观点，发表自己所感兴趣、所关注的事件。每个个体以及媒体都拥有为他人设置议程的机会，而个人或媒体所设置的议题却未必会成为公众议题，这是个人和媒体都无法控制与决定的。在新媒体环境中，最终能够决定某个议题成为公众议题的因素不再是议题由谁提出，而是其具有满足公众的需求以及信息模糊、答案不确定的特点。许多在微博上曝光的事件，之所以会成为轰动性的公众议题，就是因为其迎合了受众的需求，与广大受众的利益相关，但是对结果又存在着悬念，这都促成了公众对此类议题的极大关注。

在新媒体环境中，公众议题是自我形成而不是设置形成的。公众议题形成的方式也变得简单，那就是"互动"。从近年来众多公众议题的发展与形成看，公众议题发展及形成的方式就是网民与网民之间、网民与媒体之间、媒体与媒体之间的互动过程，公众在互动中选择哪些事情或议题是重要的，在互动中集中在被共同选中的议题上。互动的过程是一个开放的过程，各种信息、观点都不断得到交流及更新。议题可能向任何一个方向发展，路径不确定并经常进行转换，原有议题经常可以衍生出多个相关或无关的议题。

（三）议程设置效果增强

议程设置理论认为，大众媒体的议程设置效果有两个层面：一是媒介在影响公众感知什么是当前重要的问题上有强大的效果；二是媒介不仅能影响人们想什么，也能影响人们怎么想。当议程设置为互联网、手机等新媒介的发展带来巨大影响时，有些学者认为：新技术尤其是传播技术具有神奇的本领，互联网上会有数不清的各种各样的新闻与信息来源，议程设置的影响将不再存在。但是事实上，新媒介技术的发展降低了受众使用媒介进入媒体的门槛，议程的影响不再是单向的流向受众，通过互联网、手机、微博等媒介，受众对大众媒体也产生了重要的影响，这是以往的媒介不可能产生的效果。因此在新的媒介环境中，大众传媒议程设置效果不仅没有减弱，反而有增强的趋势。就媒介对公众感知什么是当前重要问题的效果影响而言，在传统媒介环境下，大众传媒议程设置效果的显现并不是即时的，通常是在几天后，即大众传媒从议程设置的开始到大众开始认知到此议题之间存在着时间差或时滞。西方学者有研究显示，同一项国际问题议题对该议题在大量报道后的第 4 天出现议程效果，地方电视台在第 6 天出现议程效果，地方报纸在第 8 天出现议程效果。究其原因在于虽然大众媒体对受众注意力具有控制性，但是由于传统大众媒体的直线型传播特点而缺乏受众的反馈，即使公众就此议题对自己的重要性能够做出判断，却无法判断对其他受众的重要性，所以其只能凭借媒体对此议题的重视程度来做出判断，而这一过程需要时间。

在新媒体环境中，一个具有争议性的话题一经发出，很快就会得到上万人的浏览、成百上千人的回复或者转发，而这种聚集的回复或者转发就会成为公众、媒体认知议题是否重要的依据。一旦媒体给予议题回应，公众议题就会迅速形成。从近几年的一些公众议题来看，从议题的出现到议程效果的出现一般不超过 3 天。

在第二层面的效果上，学者们只是证实了大众传媒能够将公众的注意力吸引到议题的某个方面，媒介从而影响人们对议题的思考。至于媒介是否能够影响公众的态度和行为并未得到验证，而这种效果是很难验证的。因为媒介影响公众态度与行为的效果即使存在，也是隐形的、延缓的、间接的和个人化的，这种效果传媒无法尽快知道，公众与个体之间也很少在短时间内互相知晓。在新的媒介环境中，借助网络这个交互的平台，公众对议题的反应马上就能够被媒体知道，被公众相互知道，这就不仅缩短了公众议题形成的时间，还使公众的态度从隐态转变为显态，增强了舆论的冲击力。同时，由于网络更高的开放程度，而使网络具有极强的号召力和组织力，公众的态度很容易转化为公众的行动。正因为能通过网络所形成的议题更贴近民意，从而在新的媒介环境中，议程设置效果不是削弱了，而是增强了。

第二节　传统媒体与新媒体版式设计比较

一、传统媒体（报纸）版式设计的特征

（一）"模块化"版式设计

"模块化"版式设计的确立是传统报纸版式与现代报纸版式的"分水岭"。"模块"就像电视屏幕一样都是矩形的。现代报纸的矩形文章、矩形图片、矩形广告等，犹如一个个的屏幕和窗口。从版式的整体而言，规则有序；从局部而言，更加便于读者分别进行阅读，从而避免了报纸版面中各个组成部分之间的相互干扰。20世纪60年代以后，欧美国家的报纸在版式设计上逐渐摆脱以往的传统模式，不断寻求着现代化报纸版式设计的特征。最终，以网格体系为基础的现代模块式版式设计应运而生，并很快为报刊业和读者所青睐。

网格体系是指在报纸版面空间上以水平两个方向和等间隔的直线进行分割，其优点是便于对版面编排和版面设计流程的把握。"网格设计体系"是把秩序快速融入版式设计中，从而能使文字、图片等所有视觉要素在版面空间中相互协调一致，同时符合现代化的加工印刷工艺与审美相结合。模块式的设计成为区别传统版式与现代版式的重要标志，也是目前在国际上报纸版式设计领域中占绝对主导地位的设计理念。

（二）"图像化"版式设计

人们生活在一个被图像信息所包围的环境中，图片逐渐成为报纸的中心视觉元素。随着印刷设备的不断改进和印刷的质量不断提高，1981年《今日美国》创刊时，图片的地位已经空前提高。该报甚至要求报纸的头版在对折之后，仍然可以看到三到四幅彩色图片，放在售报机中要像一幅静止的电视画面一样。《今日美国》的创刊宣告了报纸版式设计"读图时代"的到来。

一般而言，图片的大小决定着读者的注意程度。图片大小以及占有版面空间的面积直接决定着图版率，所以在报纸版面设计时可以通过调整图片大小来有效地控制图版率和版面视觉效果。此外，在报纸的版式编排上，图片并不都是以单幅的形式出现，针对多张图片，还需要对内容板块进行分组排列，并考

虑图片之间的距离安排。

在强调图像化的同时，也出现了一种泛视觉化的趋势。有学者指出，这种"泛视觉化"倾向，转向了以平面化、直观性为特征的"大众文化"，而这种通俗"大众文化"的负面特征是形式大于内容、以娱乐为主、取悦于消费者等。

（三）"个性化"版式设计

个性化，从广告学的角度来说，就是要为产品寻找一个独特的销售主题，又称 USP 策略，即 Unique Selling Proposition。现代化和国际化使报业之间的竞争日趋激烈，其脱颖而出的关键在于报纸个性化版式设计风格。但是，习惯跟风、缺少创新的报纸版式设计是普遍存在的，真正的报纸版式设计，就是设计一个能够使自身区别于其他同类报纸的形象。就目前而言，真正有鲜明个性的报纸实属凤毛麟角。

独特是个性的基础，只有独特且得体才有个性。得体的报纸版式设计就是要符合报纸的品牌定位，并且能够传递出报纸的精神气质。例如，《北京青年报》的版式设计，一是独特，二是符合市民对报纸的阅读要求。该报版式带有强烈的平面设计意味，图片处理大胆鲜明，有绝对优势，有超大幅插图和手绘题图，其风格紧追国际大报。此外，报头和报眉等细节处理细腻、个性鲜明，从而使其能够在同类报纸中脱颖而出。

综上所述，相对报纸版式设计的整体性而言，以上三种不同的现代报纸版式设计的特征，均是具有时代性和追求创新性的版式设计。

二、新媒体（网页）版式设计的特征

（一）网页版式设计语言的空间性

网页中版式设计的空间性不仅表现在二维平面空间中，三维空间和多元的空间层次也都是网页空间的形式。网页的版式空间是指各个构成元素的比例关系、位置关系，以及动静变化等因素空间比例、方向、色彩的调整。通过版面和前后层次的链接，使各个元素之间建立平衡感和秩序感，以避免空间的拥挤或杂乱无章。

三维空间的版面所包含的内容丰富，层次清晰。在版面设计中可以通过透视的变化在页面上进行排列，使浏览者看到一个虚拟的空间，三维空间是网页层次感和虚拟空间效果的表现，其增加了多维空间的秩序，满足了浏览者在浏览网页时的空间心理需求。同时，各个视觉元素的位置变化、大小变化、色彩变化的关系使页面产生视觉空间纵深，能够吸引浏览者不断地深入，同时给其心理构建了一个空间遐想。国外网页在网页版式设计中视觉元素的层次感清晰和谐，营造出了具有趣味性的视觉空间。

（二）网页版式设计语言的动态化

静与动既相互依存，又相互独立，"静"是视觉元素构成的外形稳定，"动"则在网页版式设计中表现为某些视觉元素的跳跃感。网页的动态化是网页版式设计的主要特征，动态化使网页生动有趣，可读性强。

1.多媒体动态元素的运用

多媒体技术的运用是网页动态设计的主要方式，网页的动态元素是集合了其视觉元素的所有动态形式，视频、动画、漂浮广告、背景音乐等极大地丰富了网页版式设计的动态视觉效果。有效合理地运用多媒体动态，可以使网页版面有节奏和韵律感，使浏览者获得视觉和听觉的享受。在网页的版式设计中将静态与动态的视觉元素相配合，不仅可以增加版面的形式变现力，使版面充满活力和生气，还可以增加网页的点击率。

2.超链接的跳跃动感性

超链接使网页的版式设计构成了网页版面的多页面特点。浏览者可以在多个版面和主题之间随意地点击并进行跳转，这种超链接给浏览者带来的阅读跳转，形成了网页之间的跳跃连续性。浏览网页时随着鼠标的点击体会到多层次空间的演化，许多网站都会采用超链接将浏览者引向一层层的版面中来。这种超链接之间的动态化表现出与导航设计有着紧密的联系，导航设计是一系列超链接的组合，它不仅可以给浏览者提供清晰的浏览路径，也可以隐藏起来让浏览者去寻找。

三、传统媒体与新媒体版式的共同点

（一）二维空间

新媒体的版式是对传统媒体版式的继承与发展。它们在信息传达功能上没有根本的区别，在载体性质不同的条件下，同样有着共同的二维空间表现，具有"平面"的特征。新媒体与纸张一样，借助着电子屏幕来展现它的平面性视觉艺术效果。

（二）视觉元素

在信息传达的视觉元素上，新媒体版式设计与传统媒体版式设计共同运用静态的视觉元素，文字、图像、图形等以静态的形式呈现给受众者以帮助其获取信息。人们所见的网页、报纸、画册等都具有文字、图像、图形等静态视觉元素。在相对的视觉元素关系上，各个视觉元素都按照一定的比例大小和空间秩序组织编排在版面上。

（三）版式设计

虽然网页版式设计有别于其他平面媒体，但是它与传统媒体的版式设计所要遵循的设计原理是一致的，那就是设计者在设计时要考虑如何将所有的视觉元素有层次地进行排列，符合读者的视觉流程，将作者的思想和信息尽可能快速有效地传达给读者，在这基础之上让设计更具风格化。

1. 对称与平衡

在处理不同设计元素的时候，人们总是希望能够达到一种相对稳定的效果。大部分成功的版式设计都会采用以下两种方式来获得平衡：一种是对称，另一种是非对称。对一个三维的空间物体来说，平衡是很好理解的，因为如果不平衡的话，就会倾倒，而从平面（二维）的角度来理解平衡则需要想象，把空间中的思维方式应用到二维的纸面上来。

对称的平衡是指在一个位于中心位置两侧的重量相等，这与天平的功能相类似。当一个页面上的元素以中轴线为基础平均放置在两侧时，不论是垂直的还是水平的，都会得到轴对称平衡。如果围绕着一个中心点放置，就会得到中心对称平衡。非对称的平衡是相对更加复杂的一种平衡，它允许各种元素之间的视觉重量有所区分，围绕着一个平衡点而获得相对的非对称平衡。

传统的版式设计以严格的等形等量为对称特点，这种绝对的对称有时使人感到版面呆板；当代的对称形式不但更加灵活多变，而且更多地使用对称，在大的对称中寻求局部的变化。本节所述的报纸的基本栏型和网页版式的骨骼型都是运用对称与平衡的形式法则设计的。

2. 节奏与韵律

人们通常希望在阅读页面时有某种节奏感，那样读者可以很舒服地阅读完整个页面。如果版面过于乏味，读者很可能就不再继续阅读下去。我们可以通过版式设计加入一些中止性或者暂停性的节奏符，那样可以让读者保持足够的兴趣。

节奏是均衡的重复，是在不断重复中产生频率节奏的变化，如春、夏、秋、冬的循环可视为一种节奏。版式设计中的节奏按照一定的条理、秩序连续重复地排在一起，形成一种律动形式。它既有等距离的连续，也有渐变、大小、明暗、高低等的排列构成。版式中的节奏是多种多样的，如图形和色块的错落形成的节奏，页面的设计可以产生弱、强、弱、平的节奏感。

韵律不是简单的重复，用版面来说，无论是图形、文字或色彩等视觉元素，还是在编排上合乎某种规律时所给予视觉和心理的节奏感觉，都是韵律。韵律就好比是音乐中的旋律，不但有节奏更有情调，它能增强版面的感染力，提升艺术的表现力。在本质上，静态版面的韵律感主要建立在以比例、轻重或反复、层次为基础的规律形式上。

3. 对比与调和

对比是差异性的强调，同一版面上相同或相异的视觉元素会造成显著对比，各个视觉要素之间都存在着一种对比关系。也就是在将相对的要素互比之下，产生大小、明暗、黑白、疏密、动静等对比，这些对比相互渗透并互相作用，最终产生强烈的视觉效果。这是版式设计中取得强烈视觉效果最重要的视觉手法。

调和是在类似或者不同类的视觉元素之间寻找相互协调的因素，是在对比的同时产生调和，其特点是适合、安定、统一，是近似性的强调，使两种或两种以上的视觉要素相互协调、具有共性。版式设计中调和的方法主要有：用统一的元素、用统一的色调、用相似的形象和方向调和版面等。调和的手法常用于同一版面的不同元素中或者应用于系列主题版面中。

4. 虚实与留白

版面设计中编排的内容，相当于"实"，留白是指版面中未放置任何元素的空间，它是"虚"的特殊表现手法。另外，"虚"也可为细弱的文字、图形或色彩，虚实对比处理往往能使版面层次更加丰富。在版面设计中，巧妙留白，讲究留白之美，可以更好地烘托主题，渲染气氛。

在阅读时，读者一般将兴趣投入文字和图片上，至于留白和空间却往往被忽略，在版式设计中与其他元素相比，显然没有受到应有的重视。很多人认为留白会使版面显得空无一物，其实不然。现代版式设计和书法、绘画一样是艺术作品，适当的有特点、个性的留白可以形成一定的节奏感和韵律感。版式设计中适当留白要做到疏密得当、张弛有度；反之，过度留白则会跳跃过大，可读文字过少会浪费版面。

总的来说，无论是传统媒体版式还是新媒体版式，好的版式设计必须遵循最基本、最主要的版式设计原理和形式法则，以达到传播功能和审美功能均衡协调的目的。

四、传统媒体与新媒体版式的差异

（一）空间元素的差异

传统媒体版式是平面二维的，新媒体版式是立体的、声画结合的。相对新媒体版式设计而言，传统媒体版面更像是一个静止的屏幕。

多维空间是由计算机通过视觉、听觉、触觉等使人仿佛身临其境的交互式多媒体技术。网页上的多维虚拟空间关系需借助动与静的变化，以及元素疏密的位置关系产生的空间层次。

与传统媒体不同的是，网页版式设计除了包括静态视觉元素，还包括动态的文字、图像等视觉要素以及可以收听的声音元素，其动态形式丰富多样地充溢着整个版面，带来活力和生机。听觉元素并不直接参与版式的空间安排，在版式设计上局限于声效和背景音乐的范围内，视频和动画元素与听觉元素自身具有节奏韵律，版式设计师要知道应如何恰当地用听觉元素辅助视觉元素传递信息，同时文字和图像等视觉元素表达出来的节奏感要与其相辅的视听节奏表达相吻合。在网络信息时代没有来临之前，人们只能通过传统媒体获得外界信息。由于信息从发生到采集再到编排出版具有一定的时间间隔，这样人们获得信息既有时间差，得到的信息量也相对有限。网络多媒体的问世，改变了以往传统信息传播的方式和途径，使信息能够更加便捷、迅速、高信息量地传递给浏览者。这样既能紧跟时代的步伐，又能满足读者对网络信息丰富的更新要求。时间与空间、动态元素与视觉元素、听觉元素相互之间如何有机地组合，成为新媒体版式设计的关键所在。

（二）互动的差异

传统媒体与新媒体版式的区别在于，传统媒体版式是静止的，新媒体版式是流动的。传统媒体的内容与版式是让受众被动地去接受，是单一的形式。

互动性是网络传播媒体最大的优势所在，也是网页版式设计的本质特征。互动是指信息相互交流，网页页面作为交流信息的媒体，具有即时信息互动的功能，它与传统媒体单一的交流信息不同，网页不仅是传递信息的平台，而且是人与计算机平台进行双向互动的沟通渠道，还可用于视频交流、网上交易、购物等。

网页是互动的平台，人们通过鼠标的点击或屏幕的触摸链接，可以在网页上看到所需的信息页面内容，此时它就产生了互动性。网页在网络和使用者之间建立了一个无形的平台，而传统媒体只是让读者接受已有的内容与版式形式，网络媒体不仅可以让读者根据自身的需要进行搜索，查看其所需的信息，还可以通过下载将需要的信息文件加以保留，以便日后留用。

网络媒体的交互设计主要包括网页浏览过程中图片播放、导航按钮、网站框架等方面的交互设计。使用者可以借助电子邮件、网络视频电话、在线咨询等交互工具进行交流沟通，以表达自己的意见和观点。在网站主页上，往往都有"反馈"这样的链接字样。这样使浏览者感受到每一步操作都能得到回复和适当的回应。例如，百度网站的首页设计，简约的文字和图形实现了版面设计的功能化和理性化风格，注重功能性。它的导航版式设计清晰明快，能让浏览者轻松地搜索其所需要的信息。

网页艺术、设计者、浏览者相互之间存在着多向信息的交流与反馈，网页版式设计不仅是传播的媒体，更是设计者与浏览者之间的沟通和互动，使浏览者在阅读网页时视觉感受有了变化。互动使网页版式设计成为动态的视觉艺术设计。

（三）视觉连续性的差异

报纸内容按版面、按空间顺序排列，人们在读报看报时，报纸版式设计的头版是用以刊登本期报纸最重要的内容。网页设计不同，网站首页的主要内容是索引和推介或者仅仅是网站的引擎或搜索，不具体承载内容。首页对主要内容的索引方式主要以标题、图片、提要以及搜索等为主，网页设计的内容往往需要进行再次索引和推介内容页，一步步地找到用户所需的内容与信息。

　　网页版式设计的关键在于主页设计，除此之外，还要做好主页与其他页面的链接，从而在视觉上做到导向清晰、链接顺畅的连续性。在新媒体版式设计中所谓的视觉连续性是从注意力的捕捉开始，通过视觉流向的引导，直到最后版面的印象留存。

　　网页版式设计与传统印刷版式设计相比，网页版式的多维空间性和超链接性使其在版式设计上具有显著的差异。网站的内容信息不是一次性全部呈现出来。不同的浏览者在浏览网页时对版面信息的关注点有所不同，有的信息会被忽视，产生同一网页可以对不同的浏览者呈现出不同的风貌。因此，视觉连续性在网页版面设计空间中的连贯性是非常重要的。设计者除考虑单个版面视听元素的视觉流程外，还要注意各个上下连接的网页版面之间视觉流程的安排和引导。

第三节　传统媒体与新媒体舆论监督功能比较

　　传统媒体与新媒体的融合，技术是最锋利的武器，每一项新技术的发明总是会极大地影响着我们的社会生活。我们可以看到，新技术的出现就像一把双刃剑，它在带给人类福音的同时，又会引起人类社会前所未有的恐慌和震惊。毋庸置疑，传媒是一个技术更新换代最快、竞争最激烈的领域，当口语传播、印刷术、电子技术、网络彼此代替时，无一例外会受到来自各方面的挑战。而今，科技更是助推传媒获取社会利益和经济利益最锋利的武器，网络、手机的出现所掀起的浪潮恰好印证了这点。

　　在传统传媒领域，传统媒体独揽全局，"弱肉强食"现象并不严重，似乎只是同类间相互追逐的游戏。而今，新媒体强势介入媒介环境，并且发挥着无可替代的作用，触及传统媒体的根本利益，也威胁着其赖以生存的媒介环境。最近几年发生的很多公共事件，通常是网络、手机等新兴媒体率先介入，在引起巨大轰动效应之后，传统媒体才蹒跚跟进，最终与新媒体合力完成舆论监督的任务。新媒体会终结传统媒体吗？对传统媒介来讲，这是一个严峻的现实，此时不但要面临内部竞争，而且要应对新媒介的挑战，可谓是前有虎狼、后有追兵，生存空间受到巨大挤压。受众的媒介接触习惯和生活方式正在悄然改变，大众尤其是思想新潮的青年群体似乎更倾向使用方便快捷的新媒体，传统媒体受众虽然流失极为严重，但也留有忠实的受众群。

新媒体势不可挡，传统媒体在面临生存压力的时候，要抛弃保守思想，开拓进取，一定要注意与新媒体进行融合，不要一味地故步自封。至于是传统多一些，还是新潮多一些，取决于受众的观点和态度，所以传统媒体在融合的同时，也要细分受众，根据受众的"胃口"，制作节目菜单，形成自己忠实的受众群，因此被淘汰也是不可能之事。

为了研究传统媒体如何与新媒体进行融合，本节将从舆论监督功能的历史、信源、主体、客体、模式、框架结构等方面比较两者的不同，以期通过两者之间的区别找出问题，实现两者之间的良性融合。

一、历史方面

"历史"这一概念是宽泛而遥远的，如人类进化、成长的历史已达几百万年。我国舆论监督的历史可以追溯到春秋战国时期，传播的发展历史则经历了口语传播、印刷媒介传播、电子媒介传播、网络传播等阶段。立足我国的国情，本节将以新世纪初为分割点来比较研究传统媒体与新媒体的舆论监督历史，因而舆论监督历史的比较遵循两个原则：基于技术基础产生时间的差异和先天定位属性的差异。

舆论监督功能的历史比较研究虽然看似简单，但意义重大。纵观我国舆论监督的历史，新世纪似乎就是一个巨大的分水岭——传统媒体坚守舆论监督的阵地，而新媒体却在此时强势融入，为舆论监督注入新鲜血液。至此，我国舆论监督开始在监督主体、信源、客体、模式、框架、效果等各个方面显现不同。因而对两类媒体舆论监督功能的历史比较研究，实际是为后面章节在其他方面的比较研究打下坚实的基础。

传统媒体的元老级代表毫无疑问是报纸，从东汉时期蔡伦发明纸张开始，报纸便应运而生。报纸最开始承担的任务是传达统治阶级的意志，而后也开始反映民意，这些似乎都是纸媒监督的原始模型。到近代，社会更替加快导致社会矛盾的激化，基于民间舆论的兴起，报纸开始真正发挥舆论监督作用，但范围小，影响也不是很大。1949 年，新中国成立，报纸作为最早产生的媒体，又因为有着漫长的舆论监督成长史，当仁不让地承担起新中国舆论监督的主要任务。

20 世纪 50 年代末 60 年代初，苏联在技术和物资上竭力援助中国。因为信息技术的不断发展，我国的广播电台获得新发展，开始加入舆论监督的大队伍。尤其是改革开放以后，电视媒体逐渐成为舆论监督的主要平台。

总之，传统媒体的舆论监督作用在新中国成立伊始就已显现，这既是因为党和政府当时对舆论监督的重视，也因为传统媒体在当时的媒介领域一统天下，毫无疑问地担当起舆论监督的主力军。直到今天，即使新媒体势如破竹，传统媒体的舆论监督主导地位也不容侵犯。但是，传统媒体上的舆论呈现，既受制于大众媒体自身运作逻辑，也受制于媒体体制。

与传统媒体相比，网络等新媒体的到来既突然又迅速，基本是在 21 世纪初才开始崭露头角，在而后的十几年时间里，以迅猛之势掀起舆论监督之高潮。因此，新媒体的舆论监督历史虽短暂，但却是使用最频繁的媒介，其产生的效果也很大。有人甚至把 2008 年称为"中国网络舆论监督元年"，因为在这一年里，有很多恶性事件被新媒体监督、报道出来，出现了著名的华南虎事件、南京"天价烟"局长周久耕被免职、公务员出国考察费用清单被曝光等。这些事件有的真相被层层遮住，有的发生在偏僻的边远县城，仅仅依靠传统媒体是很难被曝光的，这不得不说是网络等新媒体舆论监督的胜利，至少彰显了网络舆论监督的力量。

新媒体虽然在舆论监督方面具有强大优势，但因其"野媒"的属性造成的难以监管的困境，党和政府并未正式任之以舆论监督的大任，传统主流媒体依然是舆论监督的主力军。

总之，在舆论监督的历史方面，虽然传统媒体的舆论监督起步早，占据先天优势，但发展过程却艰辛曲折，然后总揽全局，再多元博弈，遭遇舆论监督的瓶颈，至今需要与新媒体合作来书写舆论监督历史。新媒体的到来既突然又迅速，基本是在 21 世纪初才开始崭露头角，发展道路平坦顺畅，在而后的十几年时间里以迅猛之势掀舆论监督之高潮，虽起步晚，但发展迅猛，舆论监督的声势甚至已高过传统媒体。

新媒体作为科技的产物，政治性弱、经济性强，外属于政府系统，这股外在监督力量的输入，加强了政府系统与外在系统信息的输入、输出，促使其保持开放状态。

二、信源方面

在传播学范畴内，信源指信息的来源，狭义指新闻线索，广义指线索的发现者、传播者，因为他们让"源"由不为人知状态转变为公开的舆论监督报道。从理论层面来说，似乎每一个社会成员都有接近新闻源的权利，人人都可以成为信息的发布者。然而，在传统媒体时代，特权被传统媒体垄断，普通人很难掌握信源，即使掌握了信源，也无法找到传播平台，因而只是潜在或者间接的传播者，通常是保持沉默状态被动接收信息。在新媒体时代，信源真正实现全民共享，任何人只要有机会接触信源，就可以不受任何体制、机制的限制，直接拥有传播、监督的权利。

有学者甚至这样认为，新媒介兴起的最大意义在于拉开了信源革命的序幕。信源革命即新媒体革命将传统媒体时代潜在的、数量有限的信源，即沉默的受众变成无限的、主动的、积极的传播者。笔者也比较赞同此观点。中国幅员辽阔、物产丰富、人口众多，传统媒体肩负政治重任，新闻镜头主要集中于党和政府，在很多时候无心、无力、无暇顾及层出不穷的社会事件。新媒体的产生刚好填补这一空白，它大力、全力监督社会生活的方方面面，完善、壮大了我国的舆论监督事业。

在著名传播学家麦奎尔看来，"传统的大众传媒总是被经济的、政治的等各种正式的或者非正式的组织控制"。随着不断发展，传统媒体逐步形成正式的组织机构，受机制、体制的限制，舆论监督工作的开展必须遵循一定的程序和原则。如此，传统媒体信源的寻找相对较困难，很多时候都要通过官方渠道获得。近年来一系列的舆论监督事实表明，传统媒体在报道事实、监督舆论时大大依赖一些强大的新闻源，如政府机构、经济组织、社会团体、相关新闻媒体，或者是通过记者的偷拍、暗访获得。老百姓、个人则很少被认为是新闻源，只是在很少的情况下才用得到他们。正如霍尔所说，"传统将社会中的某些特定集团视为可信赖的信息来源，使这些集团获得接近新闻报道的特权"。

在传统媒体时代，舆论监督的主体毫无疑问是或者只能是传媒，记者拥有绝对的特权。记者的角色相当于中介，是新闻事件与舆论监督的中介，这时记者和媒体在舆论监督的先行性、选择性等方面处于垄断地位。在现实世界中，信源的分布是分散的、复杂的，甚至是隐性的，单凭少量记者的监督似乎达不到理想效果。正如哈耶克所认为的，每个人都有自己所知道的而别人不知道的信息。从整体上说，任何一个人对其他社会成员所拥有的信息处于无知状态。媒体的职能就是打破这种信息孤立状态，以便更好地进行舆论监督。在传统媒体时代，媒体只能依赖少数有特权的信源，而无法对其进行检测和纠正。与此相反，掌握着分散信息的无数信源也只能属于媒体，否则无法表达自己的心声。出现这种情况，除了为了获得新闻报道的真实性和权威性，以及媒体与这些强势集团自身利益的一致性，也与媒体在技术上无法获得更多的信源有关。昂贵的信源搜索成本使传统媒体在习惯上依赖权威声音、官方语言、方便路径，这就造成了传统媒体新闻线索的单一化和新闻舆论监督的固定化。

然而，在新媒体时代，每一个信源都有表达心声的平台。学者、工人、医生、社会工作者、法律工作者，任何一个普通人，都可能成为新闻源或者新闻源的代理人。这就是新媒体引爆的信源革命。

在信息时代，信息是极其庞大的，每一个终端都是一个显在的信源。谁能激活这些信源，谁就能获得先机，谁就能突破传统媒体面临的困境。手机、网络提供渠道，其延伸出来的诸如博客、微博等自媒体则成为信源发布信息、舆论监督最宽广的平台。正如特纳所说：微博使每个博主都成为一个广播员，开启了媒介的民众化时代。个人主义一词很好地诠释了自媒体革命的社会性内涵。

三、主体方面

主体是指事物属性所依附的实体。新闻舆论监督的主体，是享有和行使新闻舆论监督权利、实施新闻舆论监督行为并能够承担义务的实体。在这一定义中，"实体"是一个关键词，构建实体的要素有三个：第一，在享有监督权利的同时，必须能够承担责任和义务，因为在新媒体时代，上至政府高官，下至社会基层，都可以成为被监督的对象，而这也反映出舆论监督的主体必须肩负更多责任、承受更大的压力；第二，必须是客观存在，我国一直贯彻舆论监督实际是人民监督这一政策，而"人民"这一概念，无法随时集结，因而舆论监督权利被媒体代为执行；第三，必须真正实施新闻舆论监督行为，舆论监督的主体不能只徒有其名，要在实际生活中发挥自己的监督作用，为社会的和谐发展做出贡献。

舆论监督主体存在诸多限制，而舆论监督又是非常必要的。那么，谁来执行监督？谁有资格来监督？谁有能力监督？这就属于监督主体探讨的热点问题。在新的信息环境下，纵观传统媒体与新媒体的舆论监督发展史，我们不难发现，两者的舆论监督主体存在巨大差别。

在传统媒体环境下，包括各类报纸、广播、电视在内的主流媒体，不仅是名义上的舆论监督主体，而且这些媒体旗下的记者、编辑、文人墨客等是舆论监督的主要直接执行者。传统媒体环境下的舆论监督是一项非常严肃、谨慎、庄严的工作，受体制、机制的限制并有一套属于自己的监督程序，而社会生活中的芸芸众生几乎无法突破程序加入舆论监督行列。总之，传统媒体环境下的舆论监督是专业媒体的特权，监督主体为下属的专业工作人员，是一群有知识、有文化的人群，属于社会上层阶级。

在新媒体时代，手机、互联网等新媒体的覆盖面远远超过传统媒体，社会生活中的各类个性化信息可以在同一时间同一平台传送给很多人；每个参与者，不论是信息传播者还是接收者，对内容拥有对等的控制权。因而，无论是政府机构、经济组织，还是媒体或者任何一个个体，都可以成为舆论监督的主体。同时，数字网络技术和移动通信技术的发展模糊了传播者与接收者之间的界限，消除了时间和空间的限制，加上人们可以相对自由地发布观点和信息，使普通民众的话语权大大加强，而使传统意义上"把关人"的权力大大削弱，因而在新旧媒体舆论对抗中，普通民众将发挥比以往更大的作用。

总之，传统媒体的舆论监督主体讲究"专"，即专业媒体的专业新闻工作人员；而新媒体舆论监督主体讲究"通"，即所有人都可以成为舆论监督的主体。

首先，政府要加强对媒体监督工作的宏观调控，设立监督媒体的反监督机构，在媒体出现舆论导向错误和监督过度的时候，能及时阻止、规范、引导，确保舆论监督工作发挥实效。

其次，前面在分析舆论监督主体的构成因素时提道：监督主体在行使权力的时候必须承担一定责任。这就要求司法机构完善舆论监督的相关法律，尤其是对几乎全开放的网络的监管。舆论监督是一种富有弹性的软监督，应该用法律来规范它，如此，舆论监督事业才能健康、有序地发展。

再次，内因是解决问题的根本。媒体尤其是新媒体更应该加强职业道德培养，排查漏洞，做到从源头上解决问题。不得不说，在当前的媒体环境下，新闻传媒虽被委以维护社会利益的重任，但在现实生活中，似乎更趋向于追求经济利益。这就是媒体导向的改变，媒体人必须加强自我约束，严于律己，严格执行其工作宗旨，做一个"有良心"的媒体。

最后，外因是促使事物良性发展不可或缺的重要因素。有人提出实行网络实名制，这样就为追究责任找到源头，可以起到约束监督主体的作用。当前，购物网站、婚恋网站等都开始实行实名制，但是要普及整个网络系统，却是相当有难度的。第一，网络已经有亿万受众，若同时访问，就会导致系统的瘫痪；第二，匿名性是网络舆论监督的主要优势，若实行实名制，将严重打击受众监督的积极性，如此新媒体监督将与传统媒体监督无异；第三，就我国国情而言，也没有实行网络实名制的条件。

总之，无论是传统媒体、新媒体，还是其下属的工作人员，作为舆论监督的主体，在舆论监督构成要素中占有重要地位，都必须加强自身的规范、监督，提升职业道德和社会道德，这样才能促进传媒系统自身和社会系统稳步发展。

四、客体方面

舆论监督的客体就是舆论监督所指向的目标，即被监督者。舆论监督必须要有一定的针对性，一定要确立好监督对象，舆论监督客体的确定对其舆论监督所产生的效果显著。在社会转型时期，传统媒体和新媒体"平分天下"，既竞争又合作，共同促进我国舆论监督事业和谐发展。若着眼于传统媒体和新媒体在舆论监督方面的不同，就会发现两者在监督对象方面具有明显差别。

传统媒体舆论监督的客体基本来自媒体本身正规渠道，如群众举报、记者采访、偷拍、暗访，或者对率先在网络上曝光事件的跟进报道和监督等。在监督内容方面，传统媒体的舆论监督绝大部分还停留在道德层面的具体监督，对象往往是较低层的成员。例如，《新民晚报》中，它非常著名的一档专栏"蔷薇花下"，所报道的对象绝大部分都是"小人物"。还有《文汇报》，曾经推出过一档颇受好评的新栏目"昨日谁违章"，关注最多的依然是一些普通行人与司机，也有较少部分关键人物得以曝光。然而，如果只将舆论监督的客体对象停留在这个层面，那就会造成舆论监督不彻底、不全面，这就是所谓的舆论监督失衡。

纵观监督历史，可以发现传统媒体选题具备以下几个特点。

内容重复率高。传统媒体的选题基本来自专业渠道（采访、群众举报等）

和业余渠道（如从网络等新媒体中获得等），而来自基层的、新鲜的、独家的也最能反映民情、民生、民心的监督线索却很少，"信源"逐渐枯竭。

内容生成周期长。舆论监督多是调查性报道，这类报道本身投入大、采访难、制作周期长。有时因为人手不够，有时因为采访本身需要翔实的调查、扎实的取证，在播出时间上不得不一拖再拖。

选题内容出现两极现象。传统媒体的内容要么集中于社会基层，要么过度关注高层，而对社会生活中普遍的事件关注较少，出现两极中空现象。

但是，新媒体舆论监督的对象则包括社会生活的方方面面，只要是看到的、听到的、经历过的所有社会事件都可以通过网络发布，进而得到社会的广泛关注，起到全民监督的效果。新媒体监督尤其是网络监督的力度有它自身的优势。网络监督之所以强大，就是因为它的选题内容来自亿万"草根"，监督也由他们共同完成。网络监督还有一个最大特色，就是"穷追不舍""人肉搜索"，被揭露的对象只要在全体网民的搜索、监督之下，就一定会被曝光进而受到应有的惩罚。

总的来说，新媒体在内容选择上要遵循以下模式。

新媒体舆论监督的对象非常广泛：大力关注基层，横跨社会中层，绝不放过高层，囊括了社会生活的方方面面，只要是看到的、听到的、经历过的所有社会事件都可以通过新媒体发布，进而得到社会的广泛关注，起到全民舆论监督的效果。

与此同时，新媒体因为限制较少，舆论监督的功能被过于夸大，出现了监督过度、过分，甚至干预司法审判的现象，"媒体监督社会，谁来监督媒体"，这一问题已经得到普遍关注。新闻媒体作为实施舆论监督的主体之一，拥有很多的权利，但当监督不当时，谁又来监督它？所以，新媒体只有积极将传统媒体和自身作为监督的对象，不断反省、规范，才能提升媒体本身舆论监督的能力。

五、模式方面

舆论监督属于传播学的一个重要内容，它同样遵循传播学应有的规律和模式。但是，在当前的信息媒介环境下，传统媒体秉持传统，新兴媒体开拓创新，两者在信息传播方式和舆论监督模式上存在着巨大差别。舆论是源自社会底层的话语表达，它要通向上层，进而得到全社会的关注，必须以媒介为桥梁。从传统媒体监督线索的选择，到监督内容和结构的精心安排，再到新闻成品的再次把关，在一定程度上说明广大人民群众通过传统媒体进行舆论监督远不够充分。"舆论监督权力"是现代社会弘扬的一种民主理念。舆论监督的主体是社会公众，它是人民自己做主的一种非权力手段。

纵观历史，可以总结出传统媒体在舆论监督方面的基本模式稍显原始、被动，呈单向直线型模式：（很多时候）监督线索已经显露＋被动且滞后地实施监督行为（传播监督信息、发表监督报道）＋受众被动接受监督议程＋受众很难甚至不能参与反馈。这既是体制的限制，同时也说明传统媒体活力的缺失。近年来，部分传统媒体的舆论监督栏目使用暗访、偷拍等报道手段，在舆论监督方面渐显主动性、灵活性，影响力渐增。但是总的来说，这样的栏目很少。

互联网、手机等新兴媒体，引发了传播沟通方式的革命，任何人都可以不受金钱、地位、时间、空间等的限制集结于网络，开启了一场舆论监督盛宴。在传统媒体传播的环境中，信息单向集中流动，信息反馈受到限制，受众与传媒处于不平等的关系。在网络传媒时代，借助电子邮件、网络论坛、网络跟帖、网络推手等手段，大众结合内容探讨、交换意见，促使舆论流像滚雪球一样越滚越大、越滚越急，引起全方位的关注与监督，致使问题得到解决。

新媒体的舆论监督模式却呈现完全相反的状态，表现如下：主动挖掘监督线索（任何不公正现象都难逃新媒体人的眼睛）＋（通过各类新媒体平台）主动传播不公正现象＋主动撰写监督报道、参与监督、积极反馈＋掀起广泛监督热潮＋（最大的意义）促使权力机构采取行动解决问题。监督线索源自现实，以新媒体为桥梁，促使现实社会中的机构解决问题，新媒体舆论监督画出了一个完美的句号。近年来，虽然传统媒体不同程度地注意与受众互动交流，舆论监督模式呈现少量的多向性，但是这种交流毕竟有限，且止于表面，似乎只是为了在新媒体的强烈攻势和人民群众的言论声讨中找一个逃脱责任的借口。

六、框架结构方面

议程设置理论是传播学的重要理论之一，它为传播学框架理论的形成奠定了坚实的理论基础。当前，在信息技术的推动之下，媒介环境发生了巨大变化，新媒体强势介入媒介环境，传统媒体主宰的传播模式正在被颠覆，传统的议程设置思路在当前复杂多变的信息环境下面临困境，有必要提出新的议程设置思路。在新媒体环境下，由"多元个体组成的群体通过互联网、手机等新媒体，对人们想什么或者怎样想产生重要的影响"。个体议程和社群议程逐渐成为议程设置领域的一支新生力量：不再局限以媒体为中心的单一议程设置思路，将使用新媒体的个体和社群纳入研究的重点范畴，既发掘传统媒体的潜力，又重视新媒体的平台作用，最后提出新的议程设置效果图。

在传统媒体掌控天下的媒介环境中，对舆论监督，传统媒体秉持"媒介中心论"——设置监督议题，完成监督任务，而受众旁观监督过程，对监督结果将无力改变。因此，在传统媒介环境下，舆论监督的议程设置理论具有以下特点：一是议程设置研究仍以"媒介对人们想什么或者怎样想有重要影响"为研究假设。二是研究以媒介主导监督议题为核心，个体和群体未被看成议程设置的激发点，或者即使被认同，仍然暗示着受众只能被动地接受议程。例如，《焦点访谈》栏目虽开放性地接收监督线索，但是要实施监督行为，还是得通过各种把关审核，个体或社群的监督议题无法毫无阻碍地与公众见面。三是监督过程仍是媒介主导，媒体独自设置监督过程的种种细节，如拍摄哪些画面、哪些声音、采访哪些人物等，受众对内情一无所知，只能按媒体的监督过程在心中形成"镜像反映"。四是监督环节是闭合的，传统媒体是单一的议程来源，媒介议程影响了公众议程，公众议程又影响了政策议程，各个环节之间紧密相连，可以递进式产生直接影响。五是对最终形成的监督结果，受众只能被动接受。

但是，在新媒体环境下，点对点、一点对多点、多点对多点的多元化监督模式成为主流和趋势，并在一定程度上打破了原有的信息流通规则，议程设置变得变幻莫测。新兴媒介诸如网络、手机正在以人们不易察觉的方式，影响着新闻媒介对公众议程的设置及其设置方式。在新媒体环境下，舆论监督除媒体议程外，还包括个体议程、社群议程。

之后，学者们不断研究并提出了新的议程设置模式。在新媒体环境下，议程设置的形成过程如下：信息员对个体产生刺激影响；个体通过新媒体完成个体议程设置；个体传递，形成个体间议程设置，或者直接上传网络进行分享，进入社群；然后，在新媒介平台进行反复讨论、博弈，议程不断被修订，形成社群议程设置；议程也可能进入另一个社群，从而形成社群间的共鸣，形成社群间的议程设置；众多媒体介入，从单一媒体的议程设置，扩展到多媒介的议程设置，形成目标观众的议程设置；促成议程在社会层面的达成，达成决策议程并最终对个体产生实质影响。这一流程不是闭合的，而是对外开放、不断流通的，即使对某单一个体议程设置而言，新媒体环境下在决策议程设置作用于个体后，个体可以直接做出判断，并凭借新媒体平台继续个体在社群中议程设置的评判、修正，仍然会不断推进其升级，会赋予更新的意义和价值，进而进入社群议程设置的下一升级过程中，这完成了议程设置形式上的流程。

新媒体环境下的议程设置具备以下几个特点：一是流程同样是不断演进、非闭合的，个体议程设置逐步处于被激活位置。二是社群网络的价值观影响到媒介议程设置，并开始发挥作用。三是敏感性话题的议程设置基于社群的价值观、存在共识、社群规范、社会条件等。虽然可能会终止，但在另一个时空或者另一个社群可能被重新激活。四是各个环节并不是孤立存在的，每一个环节都可能导致议程设置功能效果发生改变，甚至是颠覆性的变化。五是各个环节存在重复性或者反复性，即此环节会重复彼环节的某些方面。六是各个环节存在多向发展可能性和跳跃性，可以不经过某些环节直接进入下一个环节。七是由于新旧媒介共存，传统媒体议程设置的权威性会遭遇挑战。

在新媒体环境下，舆论监督除媒体议程外，还包括个体议程（个体传递监督信息，既形成个体间议程设置，个人也可决定受众想什么、看什么、讨论什么）、社群议程。新媒体全程介入议程设置，个体议程和社群议程与大众媒介以及目标公众之间，实现了立体化、即时性、互动性，充分地进行信息交流、意见交换、观点碰撞，以达成共识。新媒体提供给人们多样化能力选择的可能，新媒体议程设置的即时性和互动性，改变了传统媒体在议程设置上的武断以及造成的议程"疏远距离感"。

第四节　传统媒体与新媒体的竞争和结合

一、新媒体对传统媒体的影响

新媒体和互联网技术的不断发展，导致新媒体对传统媒体产生了巨大的冲击。近年来，我国的媒体发展状况不断变化，新闻传播也随着时代的发展和受众需求的改变而做出调整。更为重要的是，媒体行业的从业人员和媒体的受众也发生了改变，致使本就处于弱势地位的传统媒体的处境更为艰难。

（一）传播形态

新媒体的传播形态，其实与传统媒体有着根本上的区别。通过分析媒体传播形态的演进历程，我们不难发现，几乎每一种新媒体的出现必然引起传播形态的变化。从历史最为长远的报纸说起。报纸的功能主要是以文字和图画传递新闻信息，紧接着广播的出现是以声音来表现各种内容，注重的是对受众的感官接受能力的培养。后来，电视的出现极大地弥补了文字的呆板和声音的单调等缺陷，以声画相结合的方式，把新闻信息内容从抽象转向具体化。由此可见，不同的媒体有着不同的信息载体功能，传递的信息都不是同一种形式。所以，不一样的媒体成就了不同信息的接收者和提供者。

（二）传播模式

传播学理论对媒体的传播模式有详细的分类和解释说明。一般而言，传统媒体之间只存在单向的传播，报社、电视台等媒体组织通过自身的传播平台将新闻信息传递给受众，受众既具有选择解释新闻内容的主动权，也处于被动地接收有限的新闻消息的位置。然而，网络媒体的出现，促进了新闻信息的双向传播，有力地打破了新闻的传播从媒体向受众传播的垄断模式。这种特性也被称为新媒体的交互特性。一方面，实现了传播者和接收者的交流；另一方面，使受众可以向媒体提供信息，变成新闻内容的第一发布者。将传播者和接收者的角色进行转化，可以实现两者新闻地位的相对平衡。

网络技术的不断升级，为信息的传播提供了巨大的空间。媒体的不断繁荣发展，已形成了信息泛滥的局面，信息不再是稀少的资源。过剩的信息内容在追求速度的基础上，也可能存在不准确的现象。海量的信息不断吸引着受众的注意力，所以新媒体的出现，将传统媒体的受众市场极大地分散开来。近年来，网民的数量呈现出不可阻挡的发展势头。作为潜在受众的网民将更多的时间花在了网络上，人们本来投入传统媒体的时间逐渐被挤占，所以传统媒体处境并不乐观。

二、传统媒体发展的现状

传统媒体不但要应对新媒体的挑战，而且要不断地在同业之间进行竞争。在不同时期和不同地区，竞争方式多种多样且异常激烈。随着竞争的加剧，在市场发展"优胜劣汰"的规则下形成淘汰规则，不断促进了传统媒体的改革和创新，以适应时代发展的步伐。

（一）传统媒体的优势

众所周知，当新媒体进入人们的视野时，传统媒体的地位一度被替代，后来在不断的改革和创新下艰难求生。然而，传统媒体作为具有一定历史价值的媒体，也有新媒体无法代替的特性，所以传统媒体依靠其长久的发展、自身发展体制的完善和优秀的文化本质，从而获得一定的发展。

在新媒体快速发展的背景下，传统媒体在受众资源、品牌资源和内容资源等方面还具有一定的优势。传统媒体的受众群体在一定程度上较为固定，在老一辈的人眼中，报纸、广播和电视作为他们最初接受的传播介质体系，对其有着很深远的影响，他们因而对现今网络的大力推广没有很强烈的兴趣。一是因为学识的不足，二是生活习惯的定性影响。在新闻信息的传播中，传统媒体虽然不及网络的时效性，但可以较好地保证信息的准确性，其以悠远的历史创造了良好的品牌价值。

（二）传统媒体的地位

相较新媒体的优势，传统媒体具有广泛的社会影响力。特别是国家党政机关高度重视对人民群众的舆论引导，党报的存在是不可替代的必然产物。党报是正确舆论导向的引导者，在新闻媒体的信息传播中具有绝对的权威性和国家公信力。对市面上发行最多的都市报、娱乐报而言，其以通俗和幽默的新闻信息吸引着受众的关注，也具有广大的社会效应。

在新媒体高速发展的时期，网络时代的每个公民几乎都是"记者"，信息的传播无处不在。信息的准确性却不可一概而论。传统媒体有着庞大的从业人员队伍，对准确信息的获取都会经过记者的调查采访来取证，对信息准确性的要求很高。

在我国的媒体经济比重中，传统媒体所占的份额较大。传统媒体运行创造的收益，不仅是记者采集新闻信息后的版面稿费，还需要拉动广告版面来增加经济收益。对新媒体而言，网络的巨大资源是实现信息共享，媒体行业的利润相对薄弱。

相对传统媒体的存在地位，新媒体通过不断更新传播渠道和优化传媒技术，在一定程度上将传统媒体中单向传播的模式打破。传统媒体要想保持自我的发展地位，就需要加大新媒体和传统媒体之间的融合力度，在竞争中寻找突破，进而稳固传统媒体的地位，并且促进其不断进步。

三、传统媒体与新媒体的竞争和融合

在新媒体的冲击下，传统媒体面临着更为严峻的考验。在合理分析了两个方面的优劣势之后，我们需要明确传统媒体的固有价值，以及认识到新媒体虽然具有众多的良好特性，但有些标准还有待于提高。所以，要加强新媒体和传统媒体之间的融合，更好地促进网络新技术应用媒体行业的优化。

对新媒体而言，可以通过不断地参与市场竞争，来获得更多的市场资源。新媒体以时效性和开放性等多种特性，从传统媒体中争取受众资源。所以，一个很显著的事实是，新媒体通过网络平台将一部分读者从纸质媒体吸引到网络媒体上来。

传统媒体和新媒体之间的竞争和融合，是网络时代传统媒体应对新媒体冲击的重要选择。通过相互竞争，可以从差别中显示出各自的特色和优势，同时将两种媒体进行融合，这样也可以不断地减少相互之间的冲突。竞争是在经济发展的条件下，传统媒体生存必要的手段之一，也是不断推动传统媒体在网络时代获得长远发展的保障。传统媒体应该学会将自身所遇到的竞争和压力进行转化，变成促进其进步的契机和动力。将各种竞争和融合战略具体化，从而更好地实现传统媒体与网络媒体的互动和共赢。只有这样，才可以为网络时代的受众提供质量高和易于增产的相应服务及文化产品，以此促进传统媒体获得新的生机，实现传统媒体经济的新增长方式。

传统媒体与新媒体的融合是产业融合的新趋势。产业融合是指利用信息技术的推动，通过促进产业的发展来适应经济发展领域的需要。不管是不同的产业，还是同一产业的不同行业，都需要将各自的优势相互渗透、交融，促进新的产业的出现，不断淘汰旧的产业，从而使媒体行业的社会效益和经济效益达到最大化。

（一）传统媒体与新媒体融合的可能性

在目前的市场竞争中，传统媒体和新媒体分别处于市场领导者与挑战者的地位，作为市场挑战者的新媒体面临两种选择，它可以打击市场领导者和其他竞争者，以占有更多的市场份额。从网络方面来说，网络的融合性特征可以使以往不同传媒的不同运作方式，在网上聚合成新的数字化传播形式；从手机方面来说，可以使传统的电视或电影搬上手机的小银幕；从 MP3、MP4 方面来说，可以收听、收看数字化的广播电视节目。传媒、电信、电脑等不同信息和传播行业原先互不相同的服务范畴，趋向于聚合成宽广的数字化传播范围。因此，目前国内外传统媒体尤其是平面媒体，在遭遇广告和受众危机之际，发挥各自优势，融合是大势所趋。传统媒体和新媒体的融合存在无限可能。

1. 传统媒体与新媒体在文化上的相通

新媒体和传统媒体之间有着相通之处，因此双方之间的关系会出现新的契机。人们对新兴事物的热情，往往聚焦在这件新兴事物介入所带来的社会文化的变迁上，对新媒体的讨论也是如此。如果我们在对这种变迁的探究中，进一步考量其历史层面，就会在新媒体引起的文化变迁中，看到工业革命后媒介（传统媒介）发展和社会文化发展若干趋势的延续。随着技术不断优化，商业化、市场化运作真正走进平民百姓中，走进基层，这是工业革命之后现代传媒业发展的大致走向。虽然目前由于普及率并没有达到一个理想的程度，新媒体乃至新媒体新闻业的发展受到一定程度的限制，但其已经有了这种趋势。

2. 传统媒体与新媒体融合的经营管理

媒介融合在媒介经营管理上有着重大意义，媒介融合的目的就是将多个个体组合成整体，媒介购并活动就是媒介实施总体战略中必须充分运用的战略手段。购并就是收购和兼并：收购是指一方购买另一方的股权，以成为另一方的股东成员甚至控股者的经济活动；兼并是指保留兼并公司，解散被兼并公司并使其法人地位消失的经济活动，有时也可能是两家公司合并为一家新公司。从媒介企业间的购并动机我们可以看出，购并对媒介企业发展壮大和创造效益的意义如下。

第一，控制关键的投入资源或销售渠道，使新进入者难以进入本企业的经营范围，这样不仅可以保证自己原有的经营范围不会受到来自新进入者的影响，还可以限制媒介所在的媒介产业的竞争程度，从而使媒介获得一定的垄断优势，可以在较高的价位上制定产品或服务的价格，从而获得较大的利润。

第二，增强规模服务扩张能力，实现利润最大化。购并作为媒介外部交易型的一种经营战略，可以扩大媒介自身的绝对规模和相对规模。规模扩大后媒介将拥有更加强大的实力，随之而来的是提升了市场地位和行业地位，这些既对媒介在改善同政府的关系、引导顾客购买行为、树立良好的社会形象等方面更加有利，也可以使媒介有更大的能力来控制它的成本、价格以及资金的来源。从产品结构来说，购并之后的媒介会拥有处于不同生产阶段的各种产品、半成品，这样就使各个生产环节之间的衔接更加有效。因为是在一个企业内部来提供原材料和半成品，这既节省了运输等管理费用，也节省了原材料，从而降低了媒介产品成本。此外，媒介规模的扩大也必然会提高媒介开发新产品、新技术的能力，提高企业对市场突变的反应能力。总之，购并是迅速实现媒介企业规模经济目标的一条途径，有利于提高媒介自身规模扩张的能力以达到企业利润最大化的目标。

第三，优势互补、风险共担。从竞争优势的角度来分析，媒介购并的动机不外乎两个方面：一是使媒介购并的竞争优势向目标企业转移；二是使目标企业的竞争优势向媒介购并企业转移。购并的目的就在于促进购并企业与被购并企业之间的优势共享，从而形成新的整体竞争优势。媒介购并的动机在于其将自身优势"送出去"或将其他企业的竞争优势"请进来"，两个方面都可以优势互补，从而提高购并后媒介企业的竞争能力。

第四，调整产业结构，防止和消除重复建设是媒介购并的另一重要动因。我国的媒介产业发展，多为"大而全"、"小而全"、低水平的重复建设。目前我国共有电视台 2000 多家，数量之多堪称世界之最，造成了媒介产业严重的结构性矛盾，成为一种耗散结构。重复建设是一种严重的资源浪费，其增加了行业管理难度。目前国内部分地区出现了一些政府推动的购并活动。

（二）传统媒体与新媒体的结合

在对传统媒体和新媒体的内部因素分析之后，我们不难看出，这两个媒体各自所占有的优势资源正是对方所欠缺的，这是两者之间融合的契机。

1. 创新内容

在数字时代，内容仍是媒体的核心价值，传媒竞争主要集中在如何能够提供更多更好的内容。目前新媒体传播方式的数量日益增多，世界将会进入渠道过剩的时代，传统媒体作为载体的优势渐渐失去，而其拥有雄厚的人力及丰富的采编经验，作为内容生产者的比较优势是其他市场参与者无法替代的。由于内容服务与传播形式逐渐分离，内容供应渐趋独立，传统媒体选择做全方位内容服务商是发展趋势。进一步说，是否能聚精会神，是媒体产业的核心竞争力，尤其体现在创新和突破方面。巨大的决策风险与巨大的收益可能，关键在于媒体内容产品是否深入人心，也许这样的规律适用于所有产业，但媒体产业的精神创造本质，使媒体作用尤其突出。另外，传统媒体为新媒体提供内容产品是实现其规模化的一个重要步骤，这样能实现其销售收入规模的增加和经营成本的降低。

首先，传统媒体能为新媒体提供内容并分担原创成本。内容产品在生产过程中，依靠同一个生产系统可以生产多种产品，而这正是内容产业实现范围经济的基础。例如，一个具有原创性的故事，传媒集团有兴趣也有能力将这个故事加工成各种类型的内容产品：既可以将故事拍摄成具有强烈视觉冲击力的电影，也可以将故事出版，做成一部畅销的小说，还可以改编成网络电影电视，在网络或者手机上播放。传媒集团可以将内容要素的多种组合、各个组合形成一种产品。若能将一个原创应用于多种产品，就能有效地分担原创的成本，降低单个原创的投入成本，同时能够增加消费者的选择，降低消费者的消费成本。

其次，大规模复制成本可以忽略不计。集团内的大规模复制成本极低，甚至可以低到忽略不计的水平，这就使内容产品可以大规模地复制。当原创的产品完成之后，集团所拥有的产业技术使其具有强大的加工能力和复制能力，这种加工和复制成本是非常低的。

最后，交易成本大大降低。内容产品可以实现多种组合。要实现内容产品的"完全商业化"，还需要一系列的内容创作、制作和纵向发行的交易体系，而自由组合的多种内容的发行和生产，则需要更大或更为众多的发行和销售体系。在传统媒体的内容生产过程中，发行一直占据着重要的地位。骨干发行商可以将交易成本最小化，能够有效地产生收入，并控制市场。传统媒体一直依托着不同的技术手段，并依托不同的技术平台带来了不同性质的内容，包括报纸、书籍、杂志、电影和电视，技术进步一次又一次地扩大了内容产业的规模。目前，内容容量可以有效地解决文字、声音和图像的融合问题，互联网和通信网络能够实现大规模的数据处理与数据传输，新技术革命带来信息的大量处理、存储、传输能力，为内容的大规模发展提供了降低成本的可能性。这样，消费者的大规模交易的成本就会降低，而这种交易成本的降低则可以推动内容产业销售更多的内容产品。

新媒体的内容供应和产品设计遵循下述原则。

第一，分众化的市场定位。任何一台电视机、电脑或手机都可以发展成为视听兼备的现代信息传播终端设备。这种运用现代技术手段和设备，通过形象的视听符号进行的数字化信息传播，就是现代视听传播。随着网络带宽的增加，带有视频和音频的网上聊天已成为自由的互动式的"对播"。视听兼备、双向互动以及高清晰度高保真音效，都是新媒体内容产品的品质追求。

当今传媒市场呈现越来越细分的走向。对动辄声称拥有数以千万甚至数以亿计观众的传统电视台来说，最要命的还不是观众被分流了多少，而是被分流的这部分观众是最"值钱"的一部分。就拿网络电视、手机电视来说，它们面对的是高收入高消费的高端用户群体，人称"白骨精"，即白领、单位骨干和社会精英。对这些高端用户，除了定位准确，还要提供更为优质的服务。这种服务不仅要体现出其个性化的差异，还更为人性化。

第二，人性化的内容服务。在通常90分钟长度的电影走上荧屏后，它可以变为每集时长为45分钟的电视剧（长剧），甚至每集时长仅20分钟的短剧。当它以手机为载体时又会变成什么样呢？上海移动通信股份有限公司与上海文广集团于2005年2月4日联手推出中国第一部短剧《新年星事》，每集3分钟，共13集。为了庆祝中国电影100周年，由中博传媒公司拍摄的系列电影短片《聚焦这一刻》（8部独立的影片组成，每部影片长3分钟，以胶片制作）于5月18日在北京开机后，6月2日在北京完成拍摄。据投资方介绍，该片于7月通过手机及网络下载在全国公映。这是中国第一部正式利用新的媒介平台公开放映的影片，同时也是开发中国电影新载体、培养网络观影习惯的一次率先尝试。由此可见，内容产品的设计是要根据用户的消费需求和接受行为而定的，更加人性化的设计是新媒体产品的服务宗旨。

2. 加强深度报道

新媒体打破了传播者和受众的界限，在相当大程度上实现了传播权利的平等。在新媒体中，传统媒体不再是信息的独家发布人，任何个人或组织都可通过网络发布新闻信息，尤其是突发性新闻信息。虽然网络上的受众能自由地获取大量信息，但新媒体信息来源过多，普通受众缺乏把关人的素质，尤其是缺乏职业的新闻敏感、宏观的透视角度以及对信息材料的过滤和二次加工能力，故对其进行深度报道，深入挖掘"新闻背后的新闻"这项工作，是普通受众无法胜任的。传统媒体拥有人力、物力等资源并拥有丰富的报道经验，因此深度报道是传统媒体的优势。深度报道可以为受众解疑释惑，支撑起新闻的高度，对重大题材形成舆论引导，并对新闻资源进行集约开发利用。在数字化传播时代，深度报道仍大有可为，传统媒体仍要凭借这一优势，为其在整合后的传媒集团内扩大影响力，并为传媒集团打造核心竞争力。

3. 拓展受众信息源

新媒体是受众表达自己的平台和渠道，网络媒体有 BBS 和网友评论以及博客，手机有短信，新媒体胜在传播方式的互动性，大量的来自受众的言论成为其重要的优势资源。同时，大量的第三方信息资源为新媒体保持了独特个性，受众的声音来自基层，反映了各行各业、各个层次的人们的生活，这样的内容最有群众基础，最吸引眼球，同时也能加大舆论监督的力度。目前，这部分信息正在为传统媒体所用，电视台的节目用手机短信投票，民生新闻设置了观众网络报料论坛，短信投票捧红了"超女"，这些方式为观众喜闻乐见，新媒体第三方信息源正以各种各样的方式介入主流媒体的运作中来，这也是整合后新的媒体集团重要的内容构成。

4. 打造内容产品价值链

麦克卢汉说过，媒介的影响之所以非常强烈，恰恰是另一种媒介变成了它的"内容"。内容产品通常由三个层面构成：第一种是独立的内容产品元素，主要包括文字、声音和图像，这些元素构成内容产品的创作素材；第二种是内容作品的逻辑关系，主要构成是"创意"，它是内容产品的核心价值所在；第三种是内容产品的集成。围绕内容产品的核心价值，可以生产一系列内容产品，形成一个产品价值链或者产业链。

建立在全球化与数字化背景下的新媒体，已经不是在做单一的内容产品，而是要做数据库、做衍生产品、做产业链。美国传媒咨询专家迈克尔·沃尔夫认为，业界领先企业要意识到，规模至关重要，只有进入很多业务领域，才能满足消费者的需求，如果它们是电视广播公司，那么它们不能只做电视节目。它们必须有个网站，可能还需要有份平面杂志，或者要有个 DVD 战略；如果它们是报纸，那么就不能只在报摊上出现，或被扔在家家户户的门口。只要客户需要，它们就必须随时随地出现，不管是以小报的形式出现，还是在便携式电脑或无线设备上出现。

5. 提高公信力

品牌对任何一个媒介来说都是有价值的。媒介之间的竞争实质上就是媒介品牌的竞争，而信息传播的可信度又是影响媒介品牌的重要因素之一。新媒体由于其商业化的运作机制，在手机或者网站上经常会出现哗众取宠、耸人听闻的信息，令受众真假难辨。因此，一些人在网络上看到自己感兴趣的信息后，往往还要到传统媒体上，查看相关信息以核实其真伪。据报道，《人民日报》网络版每天的点击率达三四百万次，《南方周末》每天的访问量达 3 万人次。这些媒体的访问量是与其纸质报的公信力成正比的，也就是说这是其纸质报品牌影响力造成的效应。传统媒体在长期的发展过程中已树立起舆论权威性和可信度，也就自然而然地形成了自己的品牌，这是作为新生事物的网络媒体所无法抗衡的。笔者认为，新媒体或者整合中的传媒集团为了树立自己的品牌形象，除了要加强行业的自律和他律，与传统媒体联姻的公司事实上已经直接将传统媒体的公信力移植到新媒体，新媒体就可以获得公众更高的信任度，对他们品牌形象的塑造是大有裨益的。当然这种移植不能仅限于形式上的移植，更要将传统媒体长期树立起来的社会责任感和职业道德继承过来，培养整合后的新一代媒体从业者的综合素质，使他们拥有政治家的全局头脑、学者的分析研究能力和坚持不懈的毅力，做好"把关人"。

6. 推进新技术

利用就是最好的控制。新媒体的海量性、非线性、媒介融合、全球化等特点和传播方式上的诸多优势为新闻业务提供了进一步发展的可能。

（1）信息检索。首先，可以充分利用搜索引擎和联网数据库检索浏览信息，联网数据库的系统化的数据集合，可以存储大量的信息资源。目前全球联网数据库达到了几万个，包括各国的政治、经济、文化、科技、教育、社会福利等部门建立的数据库。对媒体来说，这些网上信息源就是丰富的新闻资源。其次，可以利用网上讨论组发现专题新闻，记者可以利用互联网上成千上万个新闻组、布告牌和新闻论坛等电子讨论组，定期与遍布世界各地的具有相同兴趣、爱好和职业的人们进行访谈和讨论，同时记者还可以通过邮件群目录发现和采写新闻。再次，可以利用网络进行远距离采访，记者可以采用电子邮件、新闻组等方式文字采访，通过音频、视频进行面对面采访。最后，媒体可以利用新媒体更快地获得受众的反馈，传统媒体以前主要依靠电话和读者来信了解受众对新闻报道的意见和评论，这种反馈数量少、时效慢，因此受众对新闻的参与是非常有限的。新媒体传播使受众主动、广泛的参与成为可能。现在短信和网络越来越多地参与传统媒体的运作，媒体大多数都在网上设有"用户论坛""电子公告板"等栏目，由此，新媒体的技术手段今后将以更多样的形式参与内容的制作。

（2）采访写作。媒介机构工作包括从新闻产品的生产到传输的全过程，其中包括记者、编辑的采编全过程，将实现全过程电脑网络化。有了电脑网络之后，记者可以随时随地进行采写，无论是在新闻事件现场，还是在办公室或者家中，编辑可以通过网络进行全国性或全球性资料查询甚至临时性的补充采访。报纸、杂志、出版、发行、广播、电视等的编排、播出、传送也都可以在电脑、网络上进行。另外，记者还可以借助网络、多媒体进行采访，每个记者都将集文字记者、摄影记者和录音录像记者多种身份于一身，记者身背一套重量轻、体积小、质量高、功能强的便携式电脑和数字摄像机、照相机，就可以只身走遍天涯，并把新闻信息通过网络以最快的速度传送到编辑部。

第四章 新媒体对传统媒体的影响

第一节 新媒体时代杂志的未来

一、电子杂志

随着网络普及和发展，新的媒介使杂志期刊发展有了个新的突破口。在新闻出版总署进行的阅读调查中，阅读传统出版物的人数在以每年 12% 的速度下降，而阅读新媒体的人数则以 30% 速度在增长，特别是年轻人和知识分子人群表现尤为明显，他们正是我们出版物市场未来的消费最大主力。所以，数字化发展应该是未来中国杂志业的一个主要命题，虽然电子杂志的发展还处于初级阶段，但是它未来定具有很大的市场潜力。

电子杂志是一种非常好的媒体表现形式，它兼具了平面与互联网两者特点，且融入图像、文字、声音等形式来呈现给读者，是很享受的一种阅读方式。

电子杂志另一个显著特点是互动，让读者的参与性得到前所未有地提高，互动式电子杂志强调"互动"体验，让每一个阅读的读者都有"参与其中"的感觉。《瑞丽 Goo》《时尚 MAN》等流行电子杂志都加入了互动功能，读者在阅读杂志的同时，还可直接享受到互动交流社区、时尚指引和在线购物等周边扩展服务。此外，通过邮件、留言等方式，读者可以直接将自己的意见、想法反馈给制作者，如在《澜 LAN》第九期杂志中增加了互动的新功能，读者留言可直接出现在杂志上。这些由在线媒体体现出来的优势，使电子杂志得以迅速发展。

二、传统杂志的未来

在出现"消亡的纸质报纸"预言后，会不会出现"消亡的印刷杂志"呢？例如，一些观察家预见：印刷媒介会消亡。软件巨头比尔·盖茨也曾说过："十年后，纸媒体的存在将没有意义。"

大大小小的实体书店，遍布城市各个角落的报刊亭，都将会消失吗？市场上一本本包装精美、种类繁多的纸质杂志会消失吗？

应该说，在网络时代，传统媒体都在学习新兴媒体的组织方式、运转方式和利用技术的手段。网络媒体的出现，使传统媒体不断地采用适应网络技术发展潮流的组织和运转方式，这是一个总的趋势。

在中国使用新媒体的消费者越来越多，在新闻出版总署进行的阅读调查中，阅读传统出版物的人数在以每年 12% 的速度下降，而阅读新媒体的人数则以 30% 的速度在增长，其中特别是年轻人和知识分子人群表现尤为明显，他们正是出版物市场未来消费的主力军。对这样的传媒生态环境，传统媒体正在寻找纸质与数字最好的结合点，思考怎样利用传统平面媒体的资源优势、内容优势和品牌优势，切入新媒体经营中，并进行初步尝试。2005 年 8 月，多媒体电子杂志《物志》由传媒大鳄南方传媒集团正式创刊，这被称为"传统媒体进军网络出版的标杆"。《物志》的执行主编易海燕说，仅仅半个月的时间，《物志》的读者就已经达到 20 万人，这在传统媒体看来是一个不可能完成的任务。还有更多的杂志则是选择和电子杂志合作的模式，如《汽车族》《时尚健康》《高尔夫时尚》等杂志都陆续推出了电子刊。

新技术的发展、新媒体的推动和"新读者"的成长，预示着传统期刊数字化的必然性。对传统期刊而言，利用自己现有的资源优势和内容优势、品牌优势，尤其是采访权和原创内容垄断优势在短期内不会消失。

三、杂志数字化成为趋势

互联网时代新媒体传播的内容正在日益丰富。传统媒体每天传播的信息量不及互联网的 1/4，而互联网提供了丰富的内容，给人们带来了更多的精神享受。新媒体的市场规模逐年扩大，其产业的规模也越来越大。一些通信公司自己或者通过委托创意公司，正逐渐转向新闻媒体内容生产，如开发手机报、手机刊。大批城市的创意园区、文化园区，也正在为新媒体提供内容软件。新媒体的终端已经相当普及，任何媒体传播都没有今天新媒体传播的条件好。这不是政府规划，而是市场自动形成的。绝大多数有阅读能力的人都具备新媒体阅读的终端。杂志数字化发展是大势所趋，电子杂志在不远的将来或许会替代印刷杂志成为市场的主体。

第二节　广播在新媒体时代的市场化措施

一、广播的优劣

在互联网兴起之后，大众传媒格局发生了很大变化，一些以门户网站为代表的网络媒体在年轻人中逐渐被接受，网络媒体和新媒体蚕食了很多传统媒体的生存空间。尤其是报纸，在国外有很多有影响的纸质报纸出于成本和市场因素的考虑，已经停止发行纸质版报纸。相较其他传统媒体，广播媒体所受的影响较小，这也是广播自身特点所决定的。

（一）优势

1. 传播速度快

我们国家广播和电视的一个重要指导思想就是"新闻立台"，这也是大众传播媒介的发展方向。从新闻的影响力来说，世界各国的联系越来越紧密，原来的一些地域性政治活动的影响，已经不仅仅是局限在一个地方，既有可能给国际局势带来变化，也可能给我们的生活带来影响，经济方面的活动更是如此。这些都促使人们有获取足够数量资信的需求。

相比报纸和电视甚至互联网媒体，广播的传输速度是最快的不需要打字、排版或者编辑、剪辑，只要有基本的远程通信工具就可以传播信息。所以广播的时效性已经不只是满足于"最近"或"昨天"，而是"今天"和"刚才"甚至"现在"。相对突发事件，由于排版和印刷需要事先准备，报纸只能等待下一期出版时再报道。电视需要事先有所准备很多机器，各协作部门要事先沟通协调，此外，安排好的节目如何撤换都是难题。广播媒体的绝大部分节目都已经开始直播，重要新闻基本可以随时在节目中插播，甚至只要有手机就可以进行现场直播。众所周知，对新闻媒体来说，时效性是最重要的，所有媒体都在争抢第一时间的报道权，而广播在时效性方面具有与生俱来的优势。

2. 伴随性

广播媒体最主要的传播元素是声音。相比文字，声音的感染力更强，也更加直接和传神。虽然广播比电视画面的表现力弱，但是受众在收听广播的同时可以做其他事情，这也成为广播媒体的一大优势。现在人们的工作生活节奏加快，休闲时间呈现出"碎片化"趋势，在紧张的时间安排中已经很难空出专门的时间接收资信，作为背景节目的广播正好契合了这种需求。伴随性这一特点是广播现在不断拓展市场的重要因素。一方面，近些年猛增的私家车主成为广播的忠实受众；另一方面，机场、火车站甚至便利店也成为广播的市场。

3. 接收方式便利，低成本宣传

在传统媒体中，广播应当算是信息接收最为便捷的一个。买个价格低廉的收音机就可以不限时间、不限地点地收听节目，考虑到收音机的价格和人们现当下的收入水平，广播媒体基本没有经济方面的门槛，这也是广播媒体能够有如此广阔覆盖率的原因。

广泛的受众群体并没有成为广告价格高昂的理由。相比电视、报纸等传统媒体和网络新兴媒体，广播广告的收费相对低廉，所以在广播媒体投放广告是广告主性价比较高的选择。

（二）劣势

1. 包含信息有限

广播的传播方式是线性传播。广播在能够快速传递信息的同时，声音的消逝也在转瞬之间。从传播的时间来讲，一则广播广告多在 15 秒到 30 秒，以正常人说话速度来讲，这个时间只能够传播 100 到 200 个字。从传播元素来讲，声音所负载的信息比图像要少很多。对当下越来越复杂的商业产品来讲，没有足够的时间来全面展现。这样的情况下，广告商往往会选择能够更加有利于展现自己产品的媒介。

2. 传播范围小，影响传播效果

根据发射功率不同，现在地方广播频率的覆盖半径在 50~100 公里。由于城市的建筑等影响信号传播，在城市中的广播的有效传播更加受到影响。声音的不清晰、不连贯会直接影响广播节目的收听质量。

除了客观上的问题，很多节目制作方面的问题也会造成收听不顺畅。不同的频率在制作节目时有不同的音量标准，而在发射端又会有所微调。受众在日常收听时经常会发现，不同的频率在声音响度方面不尽相同，甚至不同的节目音量都不一样，长久的收听不适会造成受众流失。

二、新媒体技术对广播的影响

传统媒体中的广播媒体是指通过无线电波来传播信息的大众传媒，所以广播是以电子技术为基础，同时科学技术的发展又对其发展起着至关重要的作用。广播媒体的整个传播流程都与科学技术的发展息息相关。现代广播技术的创新主要是在数字化和网络化，并且这种创新体现在从传播端到接收端，从设备应用到运作方式的整个广播体系。数字化技术逐渐取代模拟技术，使得广播节目的制作传播变得更为便利，声音质量提升而事故率大大降低。网络化技术则改善了电台整体的运营和新闻采编播体系。随着互联网产业的发展，尤其是近些年移动互联网络技术的发展，新技术对广播媒体有了更深刻的影响。以下我们从广播节目的制作—传输—接收来具体分析。

（一）信息采集和制作

广播作为大众传播媒介之一，其最重要的职能就是传播信息，从这个意义上讲，能否收集到最新的资讯，能否在第一时间把信息清晰地传递出去，决定了广播传媒在新时代的发展。以电台为例，目前广播的信息获取方式来自以下几个方面。其一，在广播所处地设立不同新闻条线，由专职记者通过在交通、气象、农业等部门的联系人获取信息。其二，设立机动记者，获取本地或相近地区发生的突发新闻。其三，在主要城市设立记者站，由于记者的数量相对有限，不可能非常全面地了解到突发事件，因此所获取的信息种类不可能包罗万象。设立记者站的数量是以广播电台的经济能力为基础，如何在设立记者站和广播媒体的良性经营之间取舍，是摆在广播电台管理者面前的一道难题。

在互联网大行其道的今天，广播的信息采集能力有了长足发展。这大大拓展了广播的新闻覆盖广度和深度。甚至可以说，互联网的发展极大地影响了广播媒体的工作流程和方式。新媒体发展的一个重要基础是移动互联网技术的进步，这极大地缩短了信息传播的时间和空间距离。例如，现在有不少主持人在家里设立录音工作室，足不出户就可以完成节目的录制工作，之后上传到广播电台内部系统，这些都极大地改变了电台节目的制作流程。

（二）提高播出质量

广播节目曾完全依赖模拟技术进行传输，也就是把节目信号用电平幅度来表示。信号经过一级一级连续传播，电路中的杂波也同时被一起叠加和处理。这样，受众所接收到的广播节目，声音质量大大低于最初传播时的声音质量。不仅如此，用模拟技术虽然可以传输声音和图像信号，但是在传输时必须考虑到传输系统和制式，因为不适当的系统和制式会导致接收出现错误。从传播信息的形式来讲，广播系统无法涵盖数据和图像等内容。

在使用数字技术之后，原来的内容会用数字方式记录下来并进行传播，最后到达受众的接收端。整个过程经历了制作端、发送端的编码和接收段的解码，从而减少了信号的损耗和杂波的影响。对受众来说，经过数字技术传输处理后的节目在收听时音质明显提升，不会有杂音出现。不仅如此，作为原先的纯声音传递信息的广播媒体，也可以借此而获得图像和数据的传输功能，这对丰富广播的节目元素，扩大市场份额有所裨益。

（三）改变播出形态

新媒体的发展之快超乎了很多人想象，新技术的发展和广播媒体相结合，使得广播节目在播出形态上出现了令人期待的变化。这种变化让广播除了保留原来的传播优势，也增加了其他看点。

第一，播出节目的文稿或者内容简介以文字方式在网络上发布，让广播受众不仅能够听到节目内容，还能够通过文字来进行了解。这有利于增进受众对节目的认识，方便他们选择收听，并在一定程度上促进节目质量的提高，同时赋予受众更大的选择权。

第二，电台节目和网络视频结合。一直以来广播主持人给受众的印象是只闻其声不见其人，因此广播主持人有一种天然的神秘感。广播节目和新媒体结合之后，受众可以从个人电脑或者新媒体接收装置观看到直播间的一举一动，视频与音频的结合拉近了受众和广播之间的距离。在网络平台上，广播节目也可以搭配新闻视频、图片等内容，扩大信息量。

第三，节目可以回听，弱化了广播线性传播劣势。以往广播受众希望收听某档节目必须在一定的时间段打开收音机，错过了播出时间就无法收听。对一些优秀的节目，受众很希望能够再听一遍，这在过去是无法做到的。与网络技术等相结合之后，广播节目就可以存储到节目库并且上传到网络，受众可以随时进行回听，这在很大程度上弥补了广播的传播劣势。

三、广播在新媒体时代的市场化措施

广播媒体想要在新媒体时代拓展市场、稳固市场地位，先要从发展的内因入手：作为市场实体，处理好与上级行政主管部门的关系；作为信息传播媒介，着力提升节目质量，降低影响节目传播效果的不利因素。另外，还要兼顾广播发展的外因，走媒介融合之路，宣传广播品牌频率、品牌栏目、品牌主持人，这才能够在激烈的市场竞争中找到自己的位置。以下从内部措施与外部措施两方面来谈如何在新媒体时代寻找到适合广播媒体的发展道路。

（一）内部措施

1. 内部体制改革

说到广播媒体的管理体制创新，主要包含了两方面的含义：处理好上级行政主管部门与广播的关系，优化广播内部结构并提升工作效率。

（1）正确处理上级部门与广播的关系

我国的广播媒体属于国家经营性，在日常运营经费方面依靠政府拨款和广告经营双重保障，也就是所谓的"事业性质，产业化管理"。在之后的发展中，由于在传播方面天然的劣势和体制上的限制，广播媒体逐渐走向边缘。随着市场化程度加深，很多地区的广播媒体迈出了市场化的一步，由过去的事业单位转型成现代企业管理方式的公司。具体做法基本上包含以下两个部分：一是新闻部门仍为事业性质，由上级行政部门主管；二是音乐、交通、娱乐以下等文艺服务部门实行公司化重组，也就是出现了公司化管理的电台。

新闻部门保留国营性质，也就保证了其作为党和人民的"喉舌功能"。公司化运作的广播电台则充分以市场为导向，是独立的经营性法人实体，上级行政部门不可以插手其经营运作。应当说，这是目前情况下对广播媒体比较有利的一种选择，但实施过程中也的确有难度。在广播电视集团化的现实情况下，公司化广播电台和新闻部门的上级主管单位通常都是广播电视总台，同时归上级广播电视局或者是省市宣传部管理，广播电台拥有的自主经营权非常有限。

这样，行政管理和公司化管理之间必然会出现矛盾，容易产生行政干预日常运苗的问题。

广播媒体如果希望开拓市场，实现进一步发展，在管理体制方面就要获得突破。

首先，针对不同性质的广播媒体赋予其更加明晰的定位。在近些年的发展中，由于广播媒体可信度高，节目内容客观真实而受到听众的青睐。这一类电台可以在政策和日常运作中进行较多的管理，充分发挥其"党和人民的喉舌，舆论导向"的作用。

其次，对公司化运作的广播电台，行政主管部门要切实的转变职能，不插手广播公司的日常运作，主要负责宏观方面的政策制定和监督调控，为广播媒体公司化运营创造一个规范有序的发展环境。只有这样，广播电台才能成为真正的市场主体，成为独立文化产品生产者和传播者。从监督角度来讲，重点监督的应是节目的采编播部门，确保节目内容健康有序，而对电台的广告等市场经营部门应当充分放手，赋予其足够的发展空间。

（2）优化内部结构

作为独立的市场主体，有序高效的内部管理是发展的最重要动力。正如上文所说，目前国内广播电台所实行的内部组织结构基本是"频率制"和"中心制"并行，或者说以"中心制"为主、以"频率制"为辅。尤其在大多地方电视台和电台整合成总台之后，形成的格局基本是由总台下辖电视和广播，之后广播下设各频率，频率领导拥有部分经营自主权。

一是除新闻中心外，各频率按照各自定位由频率领导全权负责该频率的节目制作和日常运营，总台按照频率定位设立相应的经营指标。各频率自设市场部，负责进行市场调研，回馈给频率领导作为节目改进的依据。在节目和人员考核制度方面，完全按照市场规律优胜劣汰，并且与收入挂钩，制定明确的收入和奖惩制度。

二是与节目中心平级，设立专门的广告部门，代理新闻中心和各频率的广告招商，并在年度结束时出具广告完成情况的汇总来作为各频率的奖惩依据。除新闻中心之外，按照各频率年度广告完成情况，给予一定比例的广告分成。为保证各频率人员的工作积极性，分成比例不可过低。

其实有一些广播电台已经尝试过将以上两者结合的管理方式，利用两者的特点进行互补。但是在具体经营过程中，如果没有根据两种制度制定的初衷实施恰当的管理，就会造成日常管理的混乱局面。所以，比较理想的状态是只有贯彻制度彻底，在具体执行的时候才不会造成矛盾和疏漏。

2. 加大节目整体投入力度

广播传媒希望在新媒体时代提升广告市场份额和市场占有率，希望巩固自己的市场地位，最核心的竞争力毫无疑问来自制作精良、定位准确的节目。广播传媒的整体运营也是遵循二次售卖原则，把信息传递给受众之后，还要将受众的注意力售卖给广告商，这样才能够实现广播的良性运营。整个过程中，最为重要的部分就是如何成功地吸引更多受众来接收广播传递的商品，也就是信息。只有节目质量提升，广告收入才可能提升。

关于如何提升节目质量，笔者认为应从以下几个方面入手：

（1）标准化制作

受众在收听广播节目时经常会出现收听效果很差的情况。例如，广播节目的杂音太多，不同节目之间的声音响度太过悬殊，节目在播出过程中在某个节点音量突然放大，都会导致收听设备的声音会出现严重失真，并影响到传播效果。如果杂音太多或者不停出现声音的忽大忽小，受众毫无疑问就会选择换台。此外，在收听广播节目时，有时会出现没有听到节目结尾戛然而止，或者节目的内容与预告严重不符，这些都会严重影响到广播频率的节目完整性，造成广播的传播效果降低。

当然，从技术角度来提升传统广播的收听效果很难在短时间内实现，但是有些节目的错漏却源自人为。例如，杂音太多，有可能是节目录制的时候掺进了其他环境声，或者说后期制作的时候降噪环节处理得不好。声音的忽大忽小有可能是节目制作的时候没有关注到音量指示，或者频率在节目制作的环节没有对音量做具体要求。

对个人来说，不可能要求完全不出错漏；而对节目制作者来说，每个人又有不同的声音偏好，这也会导致播出的音量等方面不尽相同。只有从制度方面入手，才可以把错漏发生的概率降到最低。笔者认为，将规范化流程和明确的奖惩责任制两者结合是比较合适的途径。

在整个频率层面来设定音量标准和制作流程，针对不同节目设立不同的审查制度至关重要。对时效性要求高的节目，在责任编辑层面设立二审；对社会影响大的节目，应加设三审制，确保节目不会出现内容上和导向上的偏差。同时制定明确的奖惩制度，落实各项疏漏出现时的责任人。最重要的是，把各项制度落到实处。如此相信可以把广播节目中的低级失误和无谓的影响因素降到最低，保证广播节目的传播效果。

（2）实时直播

相比其他媒体，广播最明显的优势就是快速。在突发事件发生的同时，只要用一部电话就可以通过电话连线向受众宣播现场状况。在广播与电视整合成广播电视台之后，很多地方出现了重电视而轻广播的趋势，体现在广播内容自采率降低和节目制作经费的拨付缩减。在广播定位方面，很多电台把关注度重点放在了地方新闻上，而忽视了地区之外的消息。广播的稿件来源绝大部分都来自电视稿库和网络稿件，而相比过去自采的稿件比例有所降低。在全球一体化的今天，人们比以往更加关注地区之外的新闻，因为这样的消息很可能对人们的生活有所影响。放弃对这一部分事件的自主报道，广播媒体容易成为其他媒体的传声筒，久而久之会失去自身的发言权，这些对广播媒体的长久发展非常不利。

此外，传统广播是纯声音传播的媒体，在用声音现场直播时会给受众身临其境的感觉，这也是借用播音员的声音转述消息所不能比拟的。放弃了自己非常明显的传播优势，传播效果无疑会大打折扣。

（3）增加资金投入

广播想要找到一条良性发展道路，绝不是低成本运作可以实现的，相反要在节目制作方面扩大投入。与报纸、电视一样，广播节目遵循的也是"二次售卖"理论，即先把信息产品"卖"给受众，之后再将受众的时间和注意力出售给广告客户。受众与广告主正是通过媒介产品发生间接联系，受众在接收信息的同时接收媒体播放的广告信息，而广告主则寻找到产品的目标受众。所有环节中处于最中心位置的是媒介产品，对广播来说就是广播节目。因此在广播节目中加大投入力度、提升节目质量是广播媒体实现良性发展的中心和关键。

新闻节目方面，派记者深入事件一线，争取事件的第一报道权和解释权；文艺节目方面，购买最新和效果最好的音乐等资源，聘请经验丰富的专家，以此来吸引受众眼球并提升节目质量。无论是新闻类广播还是文艺类广播，聘用有一定知名度的主持人也是保证节目质量的一个手段。如果在遇到节目制作量不够时，就可以向外采购优质的节目，进行节目交流。

3. 受众策略

根据西方传播学对大众媒体受众的研究，大众媒体的受众定位要经历大众—分众—适位——对一的过程，我国目前处于分众传播阶段。"分众"这个词最早是出现在美国学者阿尔温·托夫勒的著作《未来的冲击》中。分众传播有两个关键点：其一，受众群是有限的，不可能把所有人当作目标群体。其二，对受众要有足够的了解。

我们熟悉这样一句话，顾客是上帝。对广播来说，受众是广播价值能够体现的保证，只有足够的受众群，才能够吸引广告客户群，所以受众可以说是广播媒体的上帝。广播只有成熟的受众策略才能够真正找到自己的定位，在制作节目时才能有的放矢。从品牌定位理论来说，需要准确地了解自己的细分市场和目标客户，真正地了解他们，同时有利于媒体品牌的建立。

（1）接近性，专业化

成功的受众策略的第一步是确定准确的目标受众，只有知晓自己的受众群体并且有足够的了解，才能够知己知彼，在制作节目的时候游刃有余。一般来说可以依据以下三个方面来判断：

首先是地理接近性，其次是人文接近性，最后是心理接近性。

通过对受众的分析，进行不同的交叉比对可以发现受众喜好的千差万别，不可能面面俱到。同时基于我国巨大的人口基数，即便是小比例的人口群体对广播频率来说都是庞大的受众群。

（2）内容和形式的融合创新

在广播节目的衡量标准中，通常会有两个指标受到人们的重视，但是这两个指标的数据却有巨大的差别，一个是市场覆盖率，另一个是市场收听率。虽然看市场覆盖率让人很乐观，基本能够覆盖到绝大多数人口，但是收听率却非常低。由于体制等原因，广播媒体掌握着很多社会资源，如有限的频率资源、丰富的信息来源、公共关系资源和受众资源。有限的频率资源意味着广播可以轻易获得一定的市场，同时避免残酷的竞争。这虽然是体制的弊端，但也赋予了广播进一步扩大影响的平台。丰富的信息来源和公共关系资源意味着广播与受众的信息不对称，受众资源则因为现代传播手段的丰富而更趋活跃，为广播提供丰富的创意。这些资源的有机结合不仅能够使广播资源利用最大化，扩大社会影响，也会提升广播的市场占有率。此外，我国每年的广播节目制作小时数惊人，通常节目制作完成之后只在一个频率播出一次，不但耗费人力物力，也会造成节目资源的浪费。

（3）线下活动

面对花费时间购买信息的顾客，广播媒体除了根据其需要有针对性地制作节目之外，还可以采取一些措施开拓市场。开展多种多样的线下活动，可以和受众面对面交流，增加亲近感。

4. 创新广告经营模式

如果把广播媒体看作完全市场主体，广播的顾客就有两类，一类是花费时间"购买"信息的受众，另一类是花费金钱购买"广告时间"的广告客户。广播媒体如果希望能在市场占有率上有所作为，就必须考虑到各个方面的需求，以此作为出发点为顾客提供满意的商品和服务，从而实现自身的发展目标。

（1）广告代理制

我国广播媒体目前的广告经营模式大致分有两种，自营模式与自营／广告代理并行模式。自营模式就是广播电台在内部设立广告部门，完全自主负责广告招投标和制作。自营／广告代理并行模式是指有一部分广告按照时间段或者广告类型等外包给广告公司，同时自己内部设立广告部门。应当说，媒体广告代理制是广告业发展的方向和趋势，但就国内的广告代理公司发展而言并不尽如人意。相比有限的广播频率资源，广告代理公司发言权明显处于弱势地位，所以国内有"强媒介弱公司"的说法。这样的模式对广播媒体的发展弊大于利，如行政干预广告招商等市场行为等。

对广播而言，广告代理制可以改善广播广告的经营状况。由专业的广告公司代理广告招商和制作，可以根据广播的时间段为企业量身定制合理的广告系列，以取得最优的宣传效果。同时广播广告的投放时间分布也会更为科学，并有效地改变广播广告投放盲目、无序的状态，促进广播广告经营的规范化与专业化运作。

（2）招标外包制

除此之外，广播媒体实行广告代理制可以将广告的招投标外包给公司，减少与广告主的接洽，从而减小信用风险。同时为了提升宣传效果，广告公司必然会在广告策划和制作方面有所突破，这会间接提升了广播的整体质量。从广播整体行业来说，广告代理公司的发展也会形成倒逼机制，促进广播媒体整体的发展。

一般广播广告的代理模式分为独家代理和分割代理。独家代理又分总承包和总代理两种情况。总承包是代理公司把所代理电台的广告全部包揽下来，付给电台固定的收入，代理公司的经营额和其无关。总代理则不同，与电台媒体进行利润分成或者从总销售额中收取一定比例的佣金。分割代理则是以节目、时段、产品等为分割依据，广告代理商代理其中一个区块的广告。在现实经营中，总承包、总代理和分割代理结合起来可以，确保广播资源的合理利用和广告份额的增长，并且广告代理公司也相对稳定。

需要看到的是，目前国内广告市场的发展状况不尽相同，各地大的经济环境也有所差异，在广播媒体发展广告代理时，需要因地制宜地制定适合本地发展的经营模式。从需要考虑的因素来说，有几个方面是共通的。首先，广告分割明确，资源合理分配。广告代理公司处于一个比较特殊的交易环节中，它一方面接受广播媒体委托，负责广告招投标和广告市场拓展；另一方面，还要接受广告商委托，在广播媒体投放广告，宣传企业和商品。因此从广播媒体角度出发，需要将不同的时段和不同类型的广告行业等要素相结合，进行资源划分，确保能够改变广告代理之间的无序竞争，激发代理公司人员的工作积极性，这样就会降低了集中经营的风险。其次，制定适当的代理费政策。代理费用要根据当地的广告市场发展和广播媒体所采用的代理方式来定，需要说明的是，代理费和押金标准越低，代理商的工作积极性和灵活度越大，而广播媒体的限制作用也相应减弱。广播媒体所需要考虑的是在其中找到平衡。

（二）外部措施

1.平台结合

从整个媒体产业来讲，不同信息传播平台的融合一直在进行，并且是今后发展的趋势。这不仅体现在信息产品可以在不同平台进行传播，也包括了不同产品的整合，比如说广播媒体在评论类节目中会引用的电视节目录音实况，在报刊摘要节目中会引用报纸的消息与评论。此外，也包括与不同的媒体平台进行融合之后形成的新传播技术。按照美国新闻学会媒介研究中心专家安德鲁纳切松所讲，媒介融合是印刷的、音频的、视频的、互动性数字媒体组织之间的战略的、操作的、文化的联盟。对广播来说，平台融合的意义不仅在于挖掘和拓宽节目深度及广度，更在于把自身的节目内容扩展到其他媒体，进而扩大影响力。

（1）传统平台

在网络媒体出现之前，传统媒体之间的竞争关系明显。在网络媒体、移动新媒体出现并不断发展之后，所有传统媒体都受到严峻的挑战，进行跨媒体经营合作的外部条件更加成熟。例如，现在很多体育频道的主持人在多年一线工作之后，积累了丰富的经验，逐渐向体育评论员角色转变。体育广播与报纸进行合作开出专栏，由主持人根据节目内容进行评论，实现了广播与报纸的双赢。

除了节目的影响扩大，同样重要的是广播频率也可以根据自身特色发展附属产品，开拓不同的增值服务。以上海电台为例，上海交通频道与上海文广移动公司在2010年合作推出"点点通"实时导航仪。相比市场同类产品，"点点通"最大的优势是广播资信渠道不产生流量费，并且以文字滚动的方式为驾车者提供实时更新的路况信息。

通过与传统媒体的合作，可以在技术没有太大改变的情况下实现节目影响的最大化，而广播媒体的知名度也会随之不断攀升。

（2）网络平台

互联网的兴起带给广播巨大冲击，同时影响着广播的节目制作和节目传播整个流程，也为广播带来巨大的发展机遇。国内很多广播媒体在与网络结合方面进行尝试，开办了网络电台，在实时播出音频节目的同时，将以往一周甚至更长时间的节目上线到节目库，受众可以反复收听，在一定程度上弥补了广播稍纵即逝的传播劣势。

（3）新媒体平台

对广播的受众群进行分析，有相当部分群体是"在路上"收听广播，如驾驶汽车或者乘坐公交车时候。这部分受众相比中老年等受众群体，受教育程度和收入水平更高，通常为广告商所青睐的对象。随着移动网络越来越完善，4G、5G移动通信技术也日臻成熟，能够融合图片、文字、声音、视频的智能手机是广播应当拓展的阵地，使用手机等移动设备的群体也是广播所亟须把握的受众群体。

手机广播一般通过两种途径实现，一种是通过硬件设备，在移动设备上安装广播接收装置实现收听广播节目。为了丰富移动设备的功能，很多厂商已经为手机加装了广播模块，以方便使用。另一种是通过网络数据流量，利用软件接收并解码广播音频节目。在国家所提倡的手机电视产业中，是由广播电视部门负责集成播控平台建设，但是传输活动影像在技术和成本上还有问题需要解决，相对技术简单而"个头小"的音频节目完全可以捷足先登，利用图片、文字和声音抢占受众市场。

在经营模式方面，随着无线互联网热点的增多以及技术的成熟，移动互联网的运营成本会不断下调。广播媒体可以与无线通信企业合作，通过无线数据传送节目，用利润分成替代支付数据流量费用，降低广播的投入支出。

除此之外，"播客"也可以为广播提供更丰富的节目题材。据美国研究机构的统计，2005年7月，美国已经有84万人收听播客，这距离播客正式诞生还不到一年的时间。播客可以为电台提供不一样的声音，多样化的视角。以上海电台为例，曾经推出过播客类节目《波哥播客秀》。然而，播客无论在国内，还是国外，都遇到了发展的瓶颈。截至2011年，美国只有45%的民众表示知道什么是播客，而表示喜欢播客的人在2010年只有9%。瓶颈出现的原因很大程度上在于节目质量的参差不齐。随着今后大众录音设备的升级换代，加上广播媒体的规范引导，相信播客会为广播发展有所贡献。

在传媒技术不断发展、受众需求渐趋多样化的今天，媒介融合是传媒业发展的大方向。从市场经营角度来讲，不同传播平台进行合作、融合也是其传播价值和成本收益最大化的选择。美国学者布雷德利曾经进行过测算，同一个新闻选题，报纸、广播、电视记者的前期采访成本比例大约是1.8：3.5，电视的采访成本要高于报纸三倍以上，也接近广播采访成本的一倍。虽然没有较确切的网络媒体和移动新媒体相关成本的数字，但如果不同媒体能够实现互动、整合，单位成本的传播效果无疑就会大幅增强。对拥有不同传播平台的媒体来说，既能够以相对少的成本获取理想的传播效果和较高的收益，又能够在无形中扩大市场，从而强化媒体的品牌效应。反过来讲，传统媒体如果不能够在技术和运营理念方面与时俱进，就难免会被时代所淘汰。

2.品牌策略

品牌是一种识别标志，是人们对企业、产品、文化价值的一种评价和认知，是品质优异的核心体现。广播希望获得更高的市场地位，需要有品牌所带来的"溢价"，这是对广播发展非常重要的无形资产。从品牌的层面来讲，可以分为频率品牌、栏目品牌和主持人品牌。

（1）频率品牌和 CIS 系统

对广播频率来说，品牌包含频率的名称、标志、定位、特色等要素。在过去频率资源非常有限的情况下，广播很容易就能获得很高的品牌知名度。频率专业化过程中，贯彻好频率的自身定位直接影响到频率的品牌知名度，同时也关系到能否成功吸引目标受众。细分受众决定了频率必须走专业化道路，而专业化又决定了频率的特色。

不得不说，我国广播频率专业化程度还不高，很多地方的专业化过程都好像一个模板里制造出来的，缺少地方特色。例如，大中城市的标配：交通频率、新闻频率、音乐频率、文艺频率等。缺乏继续深入分析关注新闻的受众是喜欢快讯类节目还是评论类节目，音乐频率的受众更加偏爱古典音乐还是流行音乐。在自身定位不是很准确的情况下，也就没有达到频率专业化的初衷。

在设定频率品牌时，不妨借鉴 CIS 企业识别系统，从理念（MI）行为（BI）和视觉（VI）三个方面入手。理念识别也就是频率的运营宗旨、方针和价值观。频率要达到什么样的社会效果，取得什么样的市场地位，有了明确的理念引导，频率的发展会更有目标，频率形象也会更加鲜明。行为方式包括频率的市场拓展方式、社会活动、节目的整体风格等，也就是将理念付诸行动。视觉识别是整个系统中最直观的部分，包括频率的标志设计、外出活动时展现的整体风貌、象征物等，也就是将频率的理念、内涵、特色等通过视觉化的符号加以表现。这可以说涵盖了频率品牌的细节，是最容易识别、也是最具有感染力的。

（2）栏目品牌和主持人品牌

推广栏目和主持人品牌对提升频率知名度有很现实的意义，栏目是频率的组成部分，知名品牌栏目可以带动整个频率的发展。以上海电台 990 新闻频率为例，它就集合了一大批知名栏目，如《990 早新闻》《市民与社会》等，这使其在上海广播市场的占有率一直保持在惊人的 20% 左右。频率品牌的特色和频率专业化的实现离不开高素质的媒体从业人员，尤其是处于第一线的主持人。主持人是构成频率品牌的人格化符号，决定了受众对其广播频率的第一印象。知名栏目和知名主持人可以带动频率的整体发展。

品牌的知名度需要有适当的品牌推广措施。在频率的日常工作计划中，应当事先做好线下活动的规划和预案，广告部门应当设立专门人员负责市场公关活动，配合参与实施，如记者会和听众见面会等。以上海东方广播有限公司旗下"经典947"频率为例。线下活动包括了每两周举办一次的"星期广播音乐会"，每个季度一次的"名家课堂"，每年一次的"听众见面会"。此外，还会和相关的乐团合作举办"音乐工作坊"活动，电台主持人、演奏家们与听众面对面交流，情感融合度高，受到听众欢迎。一系列活动将古典音乐和目标受众做了很好的结合，在时间上环环相扣，贯穿全年而特色鲜明，这些线下活动成为很好的频率整体品牌和栏目、主持人品牌的推广载体。

第三节　新媒体时代报纸的生存状况

一、报纸面临的危机

在互联网等新媒体的冲击下，报纸生存的空间越来越困难。在几百年的发展历程中，报纸作为现代社会诞生以来重要的大众传媒机构，一直是人们心目中最有公信力的主流媒体之一。在近些年与新媒体的较量中，报纸略显颓势，报媒受到来自互联网等新媒体的严峻挑战。

1. 经营困难，利润下滑

报纸的广告收入下滑，不仅表现在单个报社广告收入上，而且表现在报纸行业广告整体下滑，以及报纸广告在整个媒体广告市场中所占的份额减少。

从2000年以来我国报纸的广告增幅一直高于我国GDP的增长幅度，到2005年起，报纸广告增幅开始靠近GDP增长速度。我国各家报社的广告收入自2005年开始大幅下滑，下滑幅度均在10%~30%之间。2006年据有关统计显示，报纸广告额同比增长只有5%，不仅远低于我国广告经营总额18%的同比增长幅度，也低于我国的GDP增长率。据中国人民大学传播媒介管理研究所对各地报社和报业集团抽样统计后公布的消息称，国内报业集团2005年上半年营业额大幅下滑，广告实际收入大都下跌10%~30%，跌幅在40%以内的也为数不少，平均跌幅超过15%；多家过去经营状况良好的报业集团和报社出现亏损，形势异常严峻。

2. 读者流失，受众老龄化

新的传播技术的发展已经催生了很多新的媒介形式，随着数字技术的不断进步和更新，更多、更便捷、更受欢迎的新媒介的出现将是不可否认的事实。受众的注意力一直都是稀缺资源，那么越来越多的新媒介转移了受众的注意力，结果就会导致受众与报纸接触的减少甚至不再读报。2001 年我国报纸的日到达率还是 71.0%，而到了 2009 年则下降到了 64.9%，互联网的到达率则由 2001 年的 5.9% 上升到 2009 年的 36.9%。受众处于报纸"二次销售"这一特殊运营模式的核心位置，是报纸经营的关键环节，也是关系报纸的发行和广告的决定性因素。如今新媒体在传媒广告和受众市场中占有的份额越来越多，新媒介的使用者越来越多，特别是年轻人和知识分子群更倾向接触新媒介。

由于受众注意力的稀缺性，使用新媒体的受众越多，那么其与传统媒体的接触必将缩短或减少。新媒介广泛运用会产生人们意料之外的后果，媒介在自身是一种环境的同时也在不断创造着新的环境。新媒体的使用者不断增多，使得受众整体的阅读习惯逐渐解构与重组，因而出现了所谓的受众"碎片化"，即大众的信息需求出现差异化、细分化、专业化趋向，受众的"碎片化"及媒体形态的多样化，报业原有的高端读者被日益分流。

受众是传播活动中最活跃的因素，而年轻的受众是其中最活跃的接受者。报纸的传播效果依赖合理的受众结构，合理的受众结构也是取得经济效益的基础。报纸读者的不断流失势必会导致报媒的生存危机，新媒体时代一个不争的事实是，越来越多的人，特别是年轻人已经习惯从网络上浏览新闻及相关信息，很多年轻的报纸读者逐渐转向了网络媒体。在 20 世纪 90 年代末，中国人民大学舆论研究所的一项调查显示，互联网对报纸读者的影响不足 2%，冲击和影响几乎可以忽略不计。

二、报纸应对挑战的自身变革

报纸自身变革主要是指报纸媒体应在学习新媒体的同时，更应积极立足自身特性，发掘自身优势，扩大公信力和影响力，加强舆论引导作用，进而实现多种赢利模式。目前，我国报业仍然还有很大的上升空间，报媒应该积极创新，实现多种赢利模式。报纸作为报媒的传统传播媒介，应该发掘自身传统优势，发挥舆论引导功能，扩大公信力和影响力，进而赢得读者。

（一）报纸的生存受众是关键

1. 报纸价值流动形式

报纸是一种信息产品，是一种特殊商品，与普通商品相比较有需要"两次售卖"，即将报纸这种商品卖给读者，这是第一次售卖；读者在购买阅读报纸时，就将注意力集中在报纸上，第二次售卖就是将凝结在报纸上的读者注意力卖给广告客户，获取高额广告费。报纸市场化经营的方式在于"报业是一个同时向市场提供两种服务形式的产业。一方面，它以低于生产成本的价格向读者出售服务的有形物—报纸，在为读者提供新闻及其他各种信息服务的基础上，赢得声誉，形成传播能力和影响力；另一方面，它向广告主出售服务的无形物—报纸的传播能力和影响力，在为广告商提供促销商品和场造形象服务的基础上，最终实现报业运作过程中的价值补偿和价值增值"。

市场经济中，所有参与市场竞争的商品，在整个流通过程中都有完整的价值循环链条。在价值链中，价值对顾客而言，指产品的使用价值；对生产商或销售商而言，是产品能为其带来销售收入的特性。一般企业价值链管理是主要通过对价值链上资金流、物流的管理，实现价值增值及企业赢利的目的。报纸作为特殊商品，实现销售收入主要通过两种形式：一是直接销售报纸；二是销售广告。在第一次销售环节中，读者在购买到报纸的同时，也购买了报纸上所承载的广告信息。在报纸与读者的这一交换关系中，读者在获得自己感兴趣的新闻及其他信息的同时，也获取了报纸负载的广告信息，读者用于交换的除了低廉的报纸购买费，还有稀缺的注意力，而读者的注意力对报纸而言是至关重要的。因此在这一销售过程中，报纸得到的不仅是少量的报纸销售费用，最重要的是读者的注意力。在报纸的第二次销售环节中，是报纸与广告商的交换，在这一交换关系中，报纸得到来自广告商的高额广告资金，驱使广告商花费高额资金的是报纸所集中的读者的注意力，广告商换得的是读者的注意力。在这两次销售过程完成后，广告主得到是潜在的消费者，潜在的消费者和广告主产生交换关系，报纸读者也就成为广告主的消费者。读者与广告商的交换是报纸发生在报纸两次销售之外，与报纸的销售密不可分，就是读者在被报纸影响以后，向广告主购买商品或服务。

可以看出，报纸的资金流从广告主流向报纸，在报纸环节部分资金转化成有形产品以后流向读者。读者在受广告信息影响后通过购买广告主的产品，又使大量资金流回到广告商手中，从而形成"广告商—报纸—读者"的资金循环模式。

2. 报纸价值形成机制

报纸通过广告商的广告经费完成能吸引读者注意力的内容产品的生产，而广告商用经费通过报纸得到读者宝贵的注意力。广告商利用从报纸获得的注意力资源向读者出售产品，把倾注注意力的读者变成消费者，实现广告投入资金的回收。价值流凝聚于读者的注意力流中，开始于报纸的正式编辑出版，经过印刷、发行到达读者手中；读者通过阅读倾注注意力、培养忠诚度，读者集中的注意力形成报纸一定的影响力，从而实现价值的一种隐形增值；读者集中的注意力多，广告信息到达读者的可能性越大，读者越可能受报纸广告信息影响从而购买广告上的产品，广告商因此可以收回在报纸上先期的广告投入，实现投入价值的增值，实现获得经济效益的目的。广告投入价值的增值，吸引广告商继续在下一轮的广告投放中加大对报纸的投入力度，因此报纸便可获得更多的广告收入，在发行量和发行成本基本不变的前提下，报纸在循环销售中实现价值的增值，产生可观的利润和现金流。

3. 读者是价值链的核心

从以上的分析可以发现，读者在报纸价值运营中处于核心地位，在价值流动过程中，只有顺利完成报纸的第一次销售——把报纸卖给读者，报纸才能获得与广告商交换所需要的"产品"——读者的注意力。在这样的循环模式中，报纸和广告商最终获得一定的是经济效益。循环中资金成本最终出自读者身上，读者获得的是精神和物质上的满足。可以说，吸引更多的读者是报纸赢利的根本保证。

互联网等新媒体的发展与普及，争夺了报纸及其他传统媒体的大量受众。受众数量的大量流失及分流势必会影响报纸的发行和广告。报纸要想维持生存，拓展生存空间，增加受众是关键。新媒体环境中报纸留住现有读者、重抓流失读者、开发潜在读者，是关系报纸今后的发展与生存的第一要务。

（二）传统报纸增加读者的方法

1. 追求精品，提升质量

精品指的是优质品，不是普通产品，更非劣等品、次品、废品，这本是对商品和产品的一种说法。报纸作为一种特殊的商品，即文化产品，其"精"首先在于能向广大读者奉献最佳的精神食粮，或者称之为精神佳品，这不但是报纸重要的功能，而且是新闻工作者应尽的职责。与传统新媒体相比较，拥有海量信息是新媒体最大的优势，而报纸因其版面内容的限制，其存放的信息量是有限的。但同时可以看到，在新媒体的海量信息中，过多良莠不齐的信息掺杂在一起，必将占用受众大量时间筛选对其有价值信息。报纸有严格的编辑出版流程，报纸上的信息是经过层层把关筛选而来，由于有"把关人"，报纸完全可以在信息的筛选、整理、加工上下功夫。因此，在新媒体时代各种媒体之间竞争日益激烈、生存不断受到挑战的背景下，树立"精品"意识，打造精品报纸是当今报业媒体增强竞争力的法宝。

树立"精品"意识，要求记者在选择题材和采写新闻时务必充分掂量每一条信息的价值，做到为读者尽心、对社会尽责。记者笔下的每一字每一句，都有一个倡导什么、反对什么的社会价值问题，所以，做好每条新闻，不断强化精品意识，在拓展内涵、提高质量上下功夫，是提高报纸质量的关键。同时，若提高了报纸质量，则可以进一步树立报纸的权威形象，一家媒体或媒体下的某一媒介权威形象一旦确立，其在受众心目中的影响就是不可估量的。精品报纸的打造，可以使报纸用其有限的版面承载最有价值、最精华、最精致的内容，从而达到文不在多而在精的效果，减少读者自己在海量信息中筛选信息的时间，帮助读者实现有效的阅读。

2. 创新观念，打造品牌

品牌是所有企业品质优异的核心体现，对媒体，品牌同样是一个媒体优异于其他同类媒体的体现，媒体品牌的形成过程，是媒体不断创新的过程，以品质取胜的过程。当前在新媒体环境下，媒体间的竞争不再是战术操作层面的竞争。如今，外有国际传媒巨头的虎视眈眈，内有新媒体的快速发展和广电媒体的日趋成熟，媒体竞争已经进入了战略层面。这是报业与报业、报业与非报业、报业与其他企业之间多领域、多角度、多层次的立体化竞争，也是报业产业整合与价值一体化、多品牌媒体资源共享与协同扩张的品牌竞争时代，在这样的竞争环境下，墨守成规必将遭遇被淘汰，为此创新精神及创新能力至关重要，精神和能力凝聚的创新力量，可以确保报媒战略的实施。

在经历了近些年的报业改革后，中国报业市场已经形成了一批有影响力的品牌媒体。以南方报业集团为例，在中国的品牌媒体中，南方报业集团当属其中一个响当当的品牌。南方报业集团将"品牌媒体创新力量"作为其不同发展阶段的核心竞争力，并倡导、实施多品牌战略，最终成就其在社会上的影响力和在传媒界的地位。南方报业集团对"品牌媒体创新力量"的执行主要表现在：

首先，在起步阶段，集中人力、物力、财力等极力培育《南方日报》这一品牌龙头产品。利用《南方日报》的新闻资源、人才资源、资金和技术设备等创办《南方都市报》《南方周末》，这两家报纸经过不断创新，分别成为全国都市报纸、周末报纸的领跑者，也成为中国报业市场中最有生命力、最有影响力的品牌产品之一。其次，以优质品牌报纸为龙头，成立子报系。形成了南方周末报系、南方都市报系及 21 世纪报系三个报系，同时三个报系都是南方报业的三个优质品牌。南方报业的每个报系以龙头品牌媒体为孵化器，以优质品牌的核心价值为遗传基因，采取"龙生龙，凤生凤"的优生优育办法，带动优质子报子刊的发展。各子报分门别类占领市场，形成强劲的南方报业的品牌效应。南方报业经历了从单个媒体的广告收入竞争，到多个媒体的报业综合效益竞争，从最初的新闻产品特色和实效的竞争，到媒体信息采编与广告发行联动的竞争。

3. 强化内容，增强优势

信息时代，内容仍旧是媒体至关重要的竞争力，在新媒体咄咄紧逼的竞争格局中，报纸虽然有众多劣势，但报纸在内容方面有不可替代的优势。日本学者中马清福认为，报纸的强项是信息，是内容。只有以传统和信用为基础竭尽全力收集的信息才是报纸的最大财富。虽然出现了各种提供信息的企业，但是到目前为止，报纸提供信息的正确率以及时效性都是最好的。信息的品质和品牌力强大不仅反映在纸质报纸上，还提供给各家报社或报社的网站，即所谓的"出售信息"。在激烈的市场竞争中，传播高质量的信息内容是报业媒体立足的根本，只有传播有价值、有深度和广度的信息，才能吸引受众的注意力，并在竞争中立于不败之地。对报业而言，内容"生产"能力是在整个行业的发展过程中逐渐积累的核心竞争力，报社拥有自己专业化的新闻信息采编队伍，报纸新闻信息的刊载要经过一整套严格高效的把关和采集制作流程。报纸的编辑把关，可以较好地肃清新闻信息来源，为广大受众提供比较真实的新闻信息。同时，报纸在深度报道、新闻评论和综合报道上有明显的优势，这是因为深度报道需要有较高新闻素养的专业人员完成，而当前我国专业的新闻采访人才，主要聚集在报业。因此，报纸要想在新媒介形态层出的媒体环境中取胜，就应当强化和突出在深度报道方面的优势，

内容的原创性、权威性和价值性等是报纸与各种新媒体竞争制胜的关键。在我国，报纸历来以官办为主，加之严格的生产制作流程，使得报纸的公信力远高于新媒体，在很多受众心中报纸还是具有其他媒体不可比的权威性。新媒

体的权威新闻信息要依靠传统媒体内容的供应。新媒体与纸媒的根本性差异在于，新媒体通过整合和发布传统媒体新闻信息实现的新闻"卖场"功能，而非"生产"功能，而纸媒通过出售报纸、售卖新闻，虽然在信息量上报纸远不及新媒体，但是报纸信息的权威性是新媒体不能比的。传媒大亨默多克说过："在21世纪，民众比任何时候都更渴望获取信息，然而一旦陷入信息的泥淖，他们就会回归传统，变成只想获取值得信任的信息者提供值得信任的信息，这正是一直以来报纸的伟大使命，权威性必将使报纸在未来更强大。"

4. 精准定位、凸显特色

媒体定位是指媒体决策者为应对市场竞争而对媒体产品所做的差异性确定，目的是在受众心目中占据有利位置，它是传媒营销的重要策略。在当今媒介传播环境中，由于传统大众的细分，形成了众多"碎片化"的受众群体。报纸的精准定位，即是受众细分及信息传播市场发展的必然结果，它寻求的是产品的差异化，是将新闻信息和差异化的资信服务进行有机结合，根据细分读者群和市场对信息的不同需求，为其提供有针对性、简洁的信息，以实现信息在覆盖范围内的有效传播。因此，重视"分众"的个性化特征，了解单一受众的心理和个性需求，找准市场定位，随机应变，实现内容的独特性和差异性，是报业媒体优化传播效果的前提。

我国报业在前几年的竞争中普遍采取扩张和"厚报化"策略，导致报纸定位不清晰，同类媒体间同质化现象严重，造成大量的资源浪费和无效信息泛滥。近年来，各报业媒体开始意识到在新的传媒环境下，各种媒介间的融合互动加速进行，受众的信息需求呈多元化、细分化、个性化特征，任何媒体都只是当代庞大的信息传播链条中的一环或一个节点，都不足以独自完成信息传播任务。因此，只有细分市场，把目标受众固定在特定的胖体，才能在市场竞争中取胜。报纸要做到精准定位，首先应当明确自身在信息传播链中的功能与优势，在进行市场定位时要充分发挥这些功能与优势；其次，要确定自己在整个报业市场内的覆盖范围，读者群等。根据读者群体特征定制内容和设置版面，形成自己的风格与特色，切实满足读者需求；最后，同一报社或报业集团内的各子报的定位应准确，实现布局的差异化，要合理划分读者群和市场，使各子报覆盖的市场区域和读者群各有侧重，避免同集团报纸产生内耗。以南方报业传媒集团旗下子报为例，《南方日报》打造的是主流政经党报品牌；《南方周末》主打新闻和时评，是全国性周报；《南方都市报》辐射珠三角，关注市民生活、引领时尚、追踪大众热点和焦点，成为影响全国的都市报；《21世纪经济报道》是全国性经济周报。

（三）免费报纸重拾流失的年轻读者

按照载体的物理属性和读者是否付费购买，报纸应包括付费报纸（即我们说的传统报纸）和免费报纸。本章中免费报纸指的是以新闻、广告信息的传播为主，面向社会大众免费发放的报纸。具体地说，它有正式的刊号，面向社会大众公开发行，以登载新闻信息、时事评论为主，单纯以广告收入赢利的免费新闻纸。从全世界范围内免费报纸的发展情况看，如果依据报纸内容侧重目标读者以及发行场所等方面的不同对免费报纸进行分类，目前的免费报纸可分为三种主要类型：商务区或社区型免费报纸、公共交通型免费报纸、直投型免费报纸。地铁报属于公共交通型免费报纸，从学理上来讲"地铁报"和"免费报纸"属于明确的种属关系，公共交通型免费报纸就包括免费发行的地铁报和公交报，而公共交通型免费报纸只是"免费报纸"的一种类型，因此免费报纸不单单是指地铁报。但是在实际的研究中，我们却很难将地铁报和免费报纸两者做一个明确、合理的划分。首先，因为"免费的"报纸虽然出现很早，但是正是由于地铁报的发展，才让人认真思考"报纸免费发行"的意义和未来，才使"免费报纸"作为一种新闻信息传播载体引起广泛关注；其次，免费报纸虽然不仅仅只有地铁报这一种类型，但是现在已经形成一定规模，能提供足够的数据供学界和业界分析研究的"免费报纸"类型也只有地铁报，商务区或社区型和宜投型免费报纸的研究样本很少，甚至可以忽略不计。本节就是以地铁报为免费报纸作的代表来研究我国免费报纸的发行特点、今后发展的机遇及对我国报业市场的积极意义。

1. 免费报纸在我国内地报业市场的发展

20世纪90年代，免费报纸最早兴起于欧美。世界第一份免费报纸诞生于瑞典，1995年瑞典《地铁报》问世，该《地铁报》在地铁中免费发放，报纸内容是对信息的再度整合，读者只要花费15分钟时间，就可将报纸读完。

我国内地第一份免费报纸是上海《解放日报》报业集团主办的《I时代报》，2003年8月《I时代报》转型为地铁报，发展到目前我国内地有4家免费报纸，另外三家分别是，南京的《东方卫报》、广州的《羊城地铁报》、北京的《北京娱乐信报》。

《I时代报》于2003年8月29日转为免费报纸，进入上海地铁线路，成为国内首张地铁免费报纸。《I时代》发行数量从刚开始每周一期，每期5000份，发展到2008年达到每周5期、每期35万~40万份，覆盖范围为包括地铁线路、磁悬浮列车、写字楼及候机室。据《I时代报》总编在2008年介绍：2007年《I时代报》覆盖地铁及磁悬浮列车路线共200多公里，日均客流量200多万人次，利润总额在上海70多家报纸中达到第四。

《东方卫报》于2006年5月15日创刊，是南京日报报业集团与南京地铁总公司共同打造的一份综合类日报，创办后仅40天时间，发行量就达16万份。由广州日报报业集团、广州地下铁道总公司打造的《羊城地铁报》于2006年10月1日正式出版发行，到2008年其日发行量保持在20万~30万份。覆盖范围包括地铁站点、地面写字楼、商业区，有高达80%的中高端人群覆盖率。

2007年11月27日，《北京娱乐信报》在创刊7年后成功转型为地铁报，每周五刊，周一至周五出版，每刊16~32版不等，覆盖线路为北京地铁1、2、5、13号线、八通线，覆盖范围内日均客流达45万人。2008年7月3日，我国仅有的四家地铁报：上海《I时代报》、南京《东方卫报》、广州《羊城地铁报》和《北京娱乐信报》，在北京宣布成立"全国地铁报联盟"，这标志着以地铁报为代表的免费报纸在我国报业市场中占据着不可忽视的位置。

2. 我国免费报纸的特点

免费报纸的受众对象主要是都市年轻上班族，发行模式主要有两种：一是在大城市公交、地铁沿线放置开放式的报架，读者可以自行取阅。二是面向社区、办公楼、写字楼，雇人投递。两种模式相比各有优势，前一种发行成本较低，后一种发行受众定位更精准，有利于吸引广告商。

目前我国免费报纸，主要依附报业集团，由报业集团与地铁公司合作创办。目前在我国内地由于刊号资源稀缺及政策限制，有能力发行免费报纸的也只有报业集团。例如，上海《解放日报》报业集团下的《I时代报》，南京日报报业集团的《东方卫报》就是由经营不佳、管理不善的付费报纸转型而来；广州的《羊城地铁报》则是为抢占广州报业市场竞争空白点，与地铁公司创办。《羊城地铁报》是中国内地第一份具有正式刊号的地铁报；《北京娱乐信报》是北京日报报业集团主管、主办下的一份免费报纸，创刊于2000年，2007年由都市报转为地铁报。《北京娱乐信报》与北京地铁公司合作成立广告公司，每天的报纸先由广告公司买下，广告公司再委托地铁公司发行以及派发。通过这种发行方式以期减少报社的经营、发行费用。

国内的免费报纸均以地铁报为起步，但又不完全定位在地铁内的免费报纸，其发展都采用"地铁内集中派送＋精确定点投递"的灵活发行方式。由于我国城市地铁处于起步阶段，线路长短有限，地铁内空间限制，受众群有限，因此免费报纸不得不转向地面拓宽发行空间，对一些年轻群体聚集的地铁沿线的部分写字楼、一些中高档小区进行精准投送，其目标群体还是以年轻读者群为主。报纸的读者可分为三种：经常阅读报纸的读者也就是固定读者，偶尔阅读报纸的读者及不阅读报纸的人即非读者。免费报纸的受众目标则是定位在偶尔阅读的读者群上，免费报纸的受众中有一小部分是付费报纸的经常读者群和非读者胖，这样的受众定位不仅可以避免争夺付费报纸的经常读者，还可以把主要精力用在开拓新市场、争取更多潜在的新读者上。

但是，从我国日前免费报数量、目标受众群体、免费报纸发行量来看，免费报纸仅仅是一种边缘媒体，只能依靠报业集团的实力创办。对市场经济正在发展的我国来说，免费报纸在我国内地发展空间与前景广阔，也是纸质报纸发展的一个很好的机遇。虽然是边缘群体，目前还要依附于传统媒体，但是免费报纸的受众定位对报业市场是一个补白，它填补了现在都市庞大年轻群体，即偶尔读报人群这个空白。

3. 免费报纸在我国发展的机遇

从我国社会经济发展的总体情况及传媒业的市场情况来看，地铁报在我国有巨大的发展机遇和市场。

（1）我国日益发达的城市交通系统

随着我国城市化发展和建设进程的不断加快，大城市交通系统得到充分发展。在北京、广州、上海等人口密集度很高的特大城市，城市地铁、公路交通枢纽建设快速发展。2005 年沈阳地铁开始修建，中国成为世界最大的城市轨道交通建设市场。我国城市轨道交通的快速发展，为免费报纸创造了前所未有的广阔的市场空间和巨大的消费需求。

（2）目标受众群体巨大的注意力资源

诺贝尔经济奖得主赫伯特·西蒙曾指出，这是一个信息爆炸的时代，有价值的不是信息，而是注意力。与传统付费报纸相比，目前免费报纸主要依赖地铁发行渠道，目标群体是乘坐公交交通工具的人群，利用的是他们乘车期间的闲暇时间。这一群体主要是上下班的通勤族,这部分读者学历较高,消费能力强,年轻有朝气,这一群体正是广告商青睐的目标人群。据《北京娱乐信报》的调查,北京地铁日客流量达 300 多万人次,但是只有 2% 的地铁乘客会购买报纸。调查发现,乘坐地铁的人群,年龄在 25~36 岁之间的占到乘车总人数的 80%,这些人大多不看报纸,而是在办公室或家里,通过网络获取新闻信息。免费报纸获取的无偿性,且由发行员直接送到读者手中,必然会引起一部分读者的注意力。

（3）目标受众群体逐渐成为社会主体

随着互联网和个人电脑的普及,在网络和电脑影响下成长起来的 80 后,90 后习惯了网络生活,他们不习惯也不愿意去花钱购买并阅读一份论证严谨的严肃报纸,很多人本来懒于买报,若需要付费,就更不可能光顾售报亭,因而只有免费可能才会吸引很多人从报箱中抽出一份阅读。他们大部分获取信息以娱乐休闲为目的。地铁报内容的编排及发行模式正符合他们的信息获取心理和阅读习惯。随着时间的推移,伴随互联网成长的这些青年人已经或即将成为社会的主体,成为社会的主要消费人群。地铁报面对就是这样一类群体,这类群体也是广告主最青睐的人群。

免费报纸通常以发达的公共交通系统作为其传播渠道,这样不仅可以节省运输成本,还节省派送成本。同时,我国免费报纸主要依附广大型报业集团,有报业集团提供的新闻内容,内容制作成本非常低。因此免费报纸在交通便利的城市可以广泛低廉的流通。网络等新媒体的迅猛发展,使得传统报纸广告量的下降,读者严重流失。免费报纸的发行,对重抓报纸流失的读者,尤其是年轻读者,有非常大的意义。免费报纸利用其免费的优势,在合适的地点、合适的时间,将合适的媒介内容免费传递给合适的受众群体,不仅能形成无缝隙连接的传收关系,同时还培养了受众的阅读习惯,不失为繁荣报业市场的一种有益尝试。

第四节　国产电影在新媒体环境下的生存状况

一、新媒体环境下的国产电影

（一）国产电影市场现状分析

中国电影作为中国文化产业的支柱，对文化产业的发展起到了很重要的作用。2011 年中国电影产业的发展可谓是突飞猛进，电影的票房突破了 130 亿元的大关。电影技术的革新、观众群体的审美情趣的提高、营销手段的不断更新，给茁壮发展中的中国电影带来了很多新的挑战。

从制作专业化程度上来说，与国外相比，国内电影制作普遍水平较低。某些电影多是通过夸大的宣传、泡沫化的鼓吹造成短时期的票房效应，对电影本身的市场调研，观众定位都没有做足功课。但是较好的一点是，中国对电影制作方面和整个技术市场上的认识有了长足的进步，其中包括扩大院线影院总数及银幕数，加大对制作技术上的投资力度以及加强国际市场合作的理念。此外，数字电影拷贝技术的逐渐普及也降低了成本，使得更多的电影发行范围有力地在全国铺开。

经历了低谷的中国电影在逐渐迈向成熟的道路上，我们也欣喜地发现，中国电影在政策上做到了逐步到位、在营销意识上日益明确、在市场主体上得到了确立、在主体观众群上也趋于成型。中国电影在产业化的道路上还需要更多的研究和理论支持，本节试图在产业化道路的一系列过程中，找到一个有效路径为中国电影的发展服务。

现代人的观影方式因为新媒体而变得更加丰富多彩。新媒体日新月异的更新演变使得电影不仅仅可以让坐在电影院里的人们观看，更多地使电影细致化地进入了人们的生活。新媒体为逐渐成熟化的电影产业发展提供了很好的契机。借助新媒体，传统的电影产业可以在资本市场上获得新的发展机会。新媒体受到资本市场的青睐，这对需要快速发展的中国电影产业不失为一个好的发展路径。

另外，新媒体包含了很多新鲜事物，电影制作人需要花更多的精力去挖掘创意市场，以达到成熟的电影产业链的要求。电影通过新媒体进行营销的案例不胜枚举。网络游戏是比较热门且吸引观众眼球的一个营销方式。著名导演徐静前执导的电影《亲密敌人》，在前期宣传的时候就利用了QQ空间游戏中的牧场游戏进行营销。当然，这里提到的网络游戏只是创意的一个方面。中国电影的营销需要是更多的渠道，然而渠道的多与少，与营销运作人的创意是有很大关系的。

新媒体把电影的受众细分化，营销更有针对性。基于新媒体交互性的特点，电影运作人员可以根据收集相关数据进行精准营销，使得其满足不同的观影人群的需求。对以往的电影营销，从业者似乎产生了一些误区，认为全方位、大规模、夸大化的宣传等就是电影营销的必经之路。实际上这不仅不能为电影添光生彩，反倒容易让受众产生一定的厌烦情绪。精准高层次的营销是需要受众细分化，做到一对一的个性化营销。例如，票房黑马《失恋33天》，上映前期的宣传片在网上获得了超高的点击率。只有形成了个性化的一对一营销，才有可能提高观众对电影产品的满意度，保持观众对电影消费的忠诚度，进而提高电影自身的美誉度，而这些在以往的电影营销中都是空白的。这便是精准营销的有利之处。

多种营销方式并存打造完整的营销链条。如今的中国电影营销不难看到，很多大片花费大量的财力物力人力，搞全球首映礼、明星红地毯、明星多地走秀宣传、发布会、影迷见面会等，场面十分热闹，也很花哨。虽然在一定层面上为电影造势时，这些宣传手段是必不可少的，但是还是不免落为俗套，传播效果和投入产出比往往是不成正比的。我们应该找到一种营销方式让被动营销变为主动。新媒体的碎片化传播和形式多元化就可以弥补这样的缺陷。受众可以选择自己喜欢熟悉的新媒体方式进行观影。很多电影的剪辑片花和预告宣传片，会在电影前期宣传中投入网络之中，与其合作的很多网络媒体通过其移动终端对电影进行宣传。一段预告片并不长，符合碎片化的营销特点，观众通过预告片和一些其他形式的宣传产生观影兴趣，这样多层面和多渠道的宣传方式，能让受众对电影产生好的印象。

成本的大幅降低有利于资金优化。如今中国电影的整体资金使用情况，线上演员占了很大的比例，因此能够有效分配线下的资金就少了许多。新媒体可以实现成本的大幅降低。一部电影要经历几个阶段：策划融资阶段、制作生产阶段、销售渠道推广阶段、上映阶段、映后反馈阶段和打造品牌阶段，环环相扣、紧密相连。新媒体不论是在哪个环节都能参与其中。实际上越来越多的电影也在这样选择，小成本电影《失恋 33 天》就是通过新浪微博受众细分化宣传创造了票房神话。

（二）新电影文化——微电影

很多人把微电影归结成为一种"快餐文化"不无道理。在传播学上有个被引入的"碎片化"概念，从这个概念上来理解微电影更为贴切一些。碎片化是社会阶层的多元裂化，并导致消费者细分、媒介小众化。微电影篇幅短小精悍，依托在不同的新媒体媒介上进行传播。门槛低、方便、快捷成为微电影的有力王牌。这是电影领域在联合促销方面的一个积极产物，让两个企业的品牌合作更加顺应时代的需求。

1. 微电影的发展及受热捧的原因

对微电影的定义，很多专家都不能给出一个完整的答案。它区别网络视频和电影，具有其独特的结构和表现形式。从名字中就可以看出，微电影的精简在于"微"这个字。从特点上来说，微电影是指"专门在各种新媒体平台上播放，适合在移动状态下观看，具有完整故事情节的'微时（30 秒—3000 秒）放映''微周期制作（1~7 天或数周）'和'微规模投资（几千元—数十万元 / 部）'的视频短片"。2010 年第一部自称是微电影的作品出世，由吴彦祖主演的微电影《一触即发》一炮而红。影片一出很多网友戏称这是一部长一点的广告，还有人说这算不上电影。这样的评论也正好概括了微电影的创意及扁利模式。一方面通过定制式的广告，结合自身品牌、产品和相应电影元素的微电影作品；另一方面，通过植入式的广告，在影片中的某个情节上或是镜头中隐晦的镜头表现出商品等。这是在电影领域的一种联合促销。联合促销是 20 世纪 90 年代在企业中掀起的一股兼并、收购、剥离资产的潮流，随后，企业之间展开竞争合作交替的一个新的时代。具体到电影领域，联合促销可以理解为植入营销和联合促销两个方面，它是指两个以上企业或品牌开展的促销活动。微电影弱化了广告意识，但是不能摆脱其商业属性。随后微电影迅速崛起，《四夜奇谭》《66 号公路》等一批成熟的微电影上映。很多大牌导演对微电影产生了浓厚兴趣，张艺谋、冯小刚、姜文、姜武等都参与过微电影的拍摄。

基于微电影的迅速崛起，对其发展模式和受热捧的原因的讨论随即展开。

一方面，一个新的事物的诞生离不开技术的革新。数字化、网络化带动了新媒介的不断更新。数字技术的发展给网络技术带来了新鲜的血液和新生的力量。如今，受众的观影模式发生了很多变化。人们更多的是选择在网上观看电影和视频，以及通过手机的上网功能上网观看视频。无论你身在何方，只要有网络的地方都能实现在线观看。越来越便捷的服务给微电影的发展形成了肥沃的土壤，改变着人类的传播环境。

另一方面，从心理学的角度上来说，微电影表达的心理诉求更符合大众的口味和审美情趣。现在多数微电影从人物心里深处出发，挖掘小人物的内心世界，从而实现与大众的情感共鸣。大部分人都是普通人，他们过着自己平凡的生活，然而在平凡的生活中有着酸甜苦辣。五味杂陈的人生让人们更容易接受与自己有着共同命运的人物。在一个寻求自我表达和释放的年代里，人们需要发出自己的声音。这是微电影满足人们心理诉求的很重要的一点。每个人都可以拍摄属于自己的微电影，差异仅仅是拍摄手法和硬件技术的限制。微电影成为一种大众文化、平民盛宴。从2011年初开始就流行着一种"草根文化"，草根阶层表现是每一个平民百姓，属于他们的文化扎根在每个人的心中。制作趋于简便、可操控性更强让越来越多的"草根"，投入微电影的制作和传播当中，获得表达自我、实现自我心理诉求的满足。人类有五个层次的需要：生理需要、安全需要、爱的需要、尊重的需要和自我实现。人们在观看微电影的时候也许适当地会找到自己的影子，同时参与的愿望和好奇心的驱使，让微电影更能被人们所接受。

2.典型案例的营销模式分析

传统的电影的赢利是电影票房和前期投入的差额。微电影的营销模式与传统电影相比有着巨大的差别。微电影没有票房、不在影院里面放映，依托网络平台进行无偿观看。看起来微电影似乎没有营销模式可谈，但是在这种"免费"的大餐里有着长期的品牌效应。就《老男孩》这部微电影而言，它造成了上千万的点击量，名声早在业内及大众当中树立。其参与制作的人员包括优酷视频网站，也在一时间内美誉度大幅提升，这样的影响力在其未来的发展中是不能用金钱来衡量的。前面提到的微电影的定制式广告模式也是其赢利手段之一。微电影前期的制作依靠广告商的投资，上映之后供网友免费观看。因为是"免费的"，所以大众对广告的厌恶感下降。这也有别于电视上的广告，电视上的广告属于重复性、强制性的，人们在遇到广告的时候大脑里也下意识的会选择转台，而微电影则是人们主动点击观看的。

看似题材繁杂的微电影实则有精细的前期策划。"11度青春系列"微电影从目标、策划、制作、推广、实施等各个环节紧密相连，所以呈献给人们的是一个大家都乐于并主动去寻找的"微电影广告"。2005 年雪弗兰进入中国市场，不断分析中国市场的需求。雪弗兰的车主年龄分布在 25~35 岁之间，正是这样的年龄分布让雪弗兰找准了微电影的定位方向。在确定传播主体及整体基调以后，与其合作的优酷视频网站细致策划了"11 度青春系列"微电影。优酷网一直致力于开发新的营销模式，这次与中影集团合作，推出了新媒体电影系列。前期调研目标人群和利用新媒体的传播特性进行营销策划，让微电影有了完整的销售体系。作为一个本身具有商业属性的产品来说，微电影达到投入和产出比例均衡，并且把利润最大化，它的爆炸式崛起，让新媒介视野下的电影业产生了新的题材。

二、新媒体对国产电影发展的影响

纵观中国电影的发展，随着新事物的不断出现、营销手段的不断更新，电影从业者越来越需要真正的思考如何开辟营销的新途径，推动中国电影市场科学有序的建设。新媒体发展到今日，给人们的生活和工作都带来了很多根本性的改变。人们不再依赖传统的电视报纸获取消息，由被动接受者变成主动获取者和传播者。对国产电影来说，让电影本身与观众的关联性达到最大才是制胜的关键。传播学者施拉姆提出：小至一条消息，大至一家传媒，它被人们注意和选择的可能性与它能给人们提供的报偿程度成正比。通过新媒体来实现关联性的最大化无疑是一个很好的选择。那么新媒体的出现究竟带给国产电影怎么样的意义呢？

（一）新媒体对国产电影的积极影响

1. 新媒体在电影策划创作期间提供风向标

法国艺术电影大师特吕佛曾经说过：电影的展映完全是一种商业行为，其起源和操作都是为了利润。我们在讨论一部电影的属性时，首先不能否认电影是一种商品，而电影商品却又区别于传统商品。在经济学的基础理论之中，商品价值论指出商品是用于交换的劳动产品，它具有价值、使用价值和交换价值。效用价值论从满足人的欲望的能力或人对物品效用的主观心理评价，来解释价值和价值的形成过程。两种理论都在强调商品的使用价值或者效用价值的重要性。

电影工业化决定了电影的创造之初就必须考虑商品的价值和交易功能。所以，我们在开始运作一部电影之前就必须深刻了解它的价值在何处。成功的电影应该是简单化的，不论是从获得的难易性，还是观影快感的体验性，都是唾手可得的，在简单化的同时却能得到较高的愉悦感。传播学认为，复杂的信息是难以得到广泛传播的，并且在传播中容易产生重大的偏差和歧义。电影却是在一个半小时的时间内传递了大量的信息。正是由于电影简单化的特点才能使这一副作用消除，让观众有效地感受到电影本身所表达的文化传承体验，这和新媒体的传播理念不谋而合。新媒体上的信息林林总总，每时每刻都在传递不同的信息，然而，它的传播理念是简单化的，让人们能够轻易掌握并加以运用。所以在一点上电影就在与新媒体之间有了一个桥梁，使其能更加融合。

既然电影是一种商品，那么了解市场的需求是我们首先要着手的工作。新媒体传播范围广、使用率高并且在一定程度上帮助电影运作人员掌握市场数据。在创作阶段，电影运作人要考虑到如何为观众提供真正的价值，所以以观众调研为基础，挖掘并满足观众的情感、娱乐需求是非常重要的。通过发放调查问卷、组织网上讨论等活动，能够在电影创作时找到准确的方向。在新媒体纷繁的应用中做到这些易如反掌，只要电影运作人能够找到一个好的方式，相信更科学有效的市场调研会有力的指导电影的创作方向。

我国电影市场中越来越多引用"档期"的概念，可见档期意识在不断地加强。前有外国大片的强势挤压，后有竞争对手的左右夹击，一部电影的生存空间似乎非常有限。电影营销人员要做到如何比竞争对手更好地满足消费者的观影需求。我们通过新媒体这个平台的分析，能更准确地预测消费者的观影需求，比对手更有效地让观众知晓影片的价值。所以在电影产业链条最开始的地方就要有新媒体的介入，这样才能有的放矢地展开接下来的工作。

2. 新媒体是电影营销阶段的重要渠道

很多电影运作者有一个错误的认识，就是认为在电影在观众进到影院之后就是整个营销链条的终点。其实在电影的营销过程中分为售前营销、售中营销和售后营销，三者都非常重要，缺一不可。国产电影的营销天平却是有所倾斜的，在售前服务这一点上，电影人还是单向的宣传思路，而在售后营销的过程基本处于零的状态。所以在此本节针对这两个薄弱环境进行讨论。不论是售前营销，还是售后营销，都是让电影的价值不断增值。电影从业人员应该从服务的角度来挖掘并增加电影的价值，使电影商品更具有竞争力。那么，新媒体又在售前营销和售后营销充当着怎样的角色呢？

新媒体改变售前营销的单向化传播。电影售前服务的基本目的是做好营销规划和系统需求分析，使得我们的影片和整个营销计划，能够最大限度地满足观众需要，同时使投资人的投资发挥出最大的综合经济效益，其重点在于如何能最大限度地满足观众需要。在新媒体中，不断地进行创新从而创造真正的价值是新媒体的核心意义。对电影的售前方案也是要遵循不断地创新，这就需要对观众的需求点、商业卖点和包装理念上做到差异化和创新化。电影《阿凡达》上映前在互联网上发布了超长的预告片，在宣传的同时让观众体会到了不同于以往的观影感受，随后在 Facebook 上和各大社会化网站取得了强的反响。中国观众受益于这支超长的预告片，使得对电影抱有强烈期待。在新媒体社会化网站上的讨论让售前营销主动成为互动式营销。电影从业者从中获取对市场的消费态度，从而更科学的制订营销方案。依据北京电影学院的观众调查显示，观众购买决策在进影院之前已经做出了 74.4%，所以售前营销起到了关键作用。按照票房来预测观影人次的话，如果想达到 6 亿元的票房就必须有至少 2000 万的观影人次，而这 2000 万的观影人次至少是消息覆盖人次的 10%，也就是 2 亿人。所以一个传播范围更广泛的平台决定了售前营销的质量，新媒体在这一点上可以独占鳌头。另外，售前销售中的大量工作，如预告片、海报揭晓、剧照及拍摄花絮等线上活动和新闻发布会、首映、采访等线下活动，都可以在新媒体中实现。

新媒体有利于接受售后营销的信息反馈。在售后营销方面，我国国产电影做得还远远不够，电影营销有个长尾原则：电影营销的长尾越长越好，长尾的长度取决于售前服务（宣传推广工作）和高潮（观影体验）的质量。在前两项我们都做到很完美的时候，如果售后服务得不到有效开展，电影营销的长尾将被切断，更不利于电影品牌的建立。作为电影从业人员，应该利用新媒体帮助建立电影售后意识。新媒体的互动性有利于主动地接收信息的反馈。观众在影院观影结束后，会到类似于豆瓣或者新浪微博的新媒体网站上，发表自己的意见和看法，还有电影网站会有对影片打分等，这都是一个互动的良好平台。另外，现在一些电影还采取"微博转发送好礼"的活动，让电影的艺术价值在观众心中延续。这样的活动出现在影片公映之后，在某方面也持续了观众对电影的关注热度。

3. 新媒体有助于国产电影的品牌化运作和繁衍品发展

在电影项目开始的时候，电影运作者都要拥有在做一个品牌的意识。电影的真正价值在于品牌化的经营。在好莱坞的电影营销经典模型当中，80% 的营销努力（影片阶段、售前阶段、消费阶段、售后阶段）都是为延伸阶段的 80% 的经济利益做准备的。虽然这只是一个理想化的模型，但是在一定程度上揭示了延伸阶段的品牌效应所带来的巨大效益。

品牌的建立和延续让一个电影的生命力更加强劲，同时可以降低投资的巨大风险。在好莱坞的电影体系中，众多明星品牌如《哈利·波特》《加勒比海盗》《玩具总动员》《生化危机》等，都为人们所熟知。众多品牌的建立依赖好莱坞的完整的产业链条。明星、导演、电影本身、发行方、院线等都在这个链条上有序地运作着。我国的国产电影，虽然有大牌导演能够创造票房，但是在品牌维护领域却难以建树。当然，随着我国电影产业的不断发展，电影从业人员也开始重视品牌的建设，如《喜羊羊和灰太狼》系列等。

电影运作者可以试图从拓宽开发渠道上，为电影品牌的运作打下基础。电影延伸产品的开发能吸引更多的投资者，因为在延伸产品的长尾上有很多诱人之处。电影商品的非银幕商品中既有游戏、动画、电影音乐、玩具、服装、旅游、纪念品、图书等，也有根据电影剧情衍生出的特殊品等。用于开发延伸产品的最好渠道就是新媒体了。新媒体的应用可以开发游戏和动画、新媒体网站可以销售玩具、服装等实体用品，更多的开发形势也有待电影从业人员去挖掘。像好莱坞的品牌运作一样，展开跨领域的联合促销也是维护品牌的一个方法。2009 年 5 月，麦当劳与福克斯集团签订了一个涵盖 5 部电影的三年合作计划，其中包括《博物馆惊魂夜》和《阿凡达》等。国产电影也进行过这样的联合促销，《建国大业》借助宋河粮液和蒙牛展开新媒体"病毒式"传播。植入广告也在各种影片中大行其道，虽然有些处理手法还略显生涩，但是已经有了联合促销的意识。

（二）我国电影结合新媒体的问题及规避对策

我国的电影营销行业从整体上来说是前进的态势，不论是从票房成绩还是影片质量，都有大幅度的提高。虽然新媒体方便快捷、传播面广、新颖多样等特点的确给我们带来了很多改变，但是随之而来的弊端也初见端倪。例如，微博，这个快速膨胀的新事物也带来了很多问题。那么如何面对这些问题并且合理的规避，让其长久健康地发展下去，是摆在我们面前亟待解决的问题。

1. 国产电影和新媒体结合的问题

新媒体虚假信息泛滥，考验诚信度。微博进入人们视野的初期，网友们只是用它来表达自己的喜怒哀乐、跟朋友分享身边的新鲜事，渐渐地，微博的社会功能被逐步扩大，很多网友成为历史事件、重大事件的亲临者。面对微博这样一个公共话语平台，他们可以发表自己的感慨、意见，同时也最"真实"、最快速地进行了"报道"。这里谈到的"真实"不一定是事情本身的真相，更多地掺杂了网友个人的判断。对一件事情的看法，由于年龄、阅历、经验、价值观等不同，不同的人会有截然不同的判断。所以在某种程度上，有可能会曲解事件的真相。这样的信息传播出去就会造成不同的社会反响。

还有一种情况，是完全改变或者凭空投造的事情在微博上进行疯狂传播。中国有句古语有云：好事不出门，坏事传千里。从心理学的角度上来说，人们的猎奇心理是从一出生开始就具备了的。换句话说，人们从出生开始就具备了猎奇的本能。人们对新鲜事物的追求以及围观心态造成了虚假微博的超级病毒式的传播效应，在微博上就出现过许多"被死亡""被怀孕"等的事件。类似的消息也在微博上层出不穷，如张国荣"复活"，黄家驹在日本出现等。微博上还有对社会问题的夸大，如食品安全问题，三鹿奶粉事件着实让人们为婴幼儿的健康捏了一把冷汗，使我们在谴责商家的黑心无耻之余，也对食品安全问题有了进一步的认识。一时间，苏丹红、地沟油、塑化剂等都成为食品问题的关键词。社会上虽然存在这样的问题，但是有意造谣者也大有人在。鉴于微博上的这些造谣现象，微博官方营运人员专门开通了微博辟谣的官方微博，以官方的角度为广大网友解惑。

针对新媒体的弊端，在电影行业中出现了许多影响营销效果的负面事件。"网络水军"是新媒体条件下产生的一个新的行业。所谓成也萧何败也萧何，网络水军既有把商品炒热的能力，也有让网络诚信成为问题的弊端。网络水军即受雇于网络公关公司，为他人发帖回帖造势的网络人员，以注水发帖来获取报酬。网络水军有专职和兼职之分。网络水军的存在是网络营销的进阶。"网络水军"的存在是双刃剑，需要各个网络公司把握好应用角度。网络水军造成的影响可好可坏，它可以成事也可以败事。网络水军营造出大量的转发和评论进行点击率的提高，根据微博的裂变式传播方式，转发得越多，形成的传播效应就越大。电影产业化的道路一直不平顺，其中也有这方面的障碍。以往的电影营销运作都会在新闻报道上加以调整。例如，新画面的张伟平的宣传策略，就是在制作期间对新闻曝光进行严格控制。在新媒体不是很发达的程度，新闻的曝光就是比较好控制的。但是现在有部分电影运作者利用新媒体，特别是对"水军"进行负面利用。在售后营销上大量造假，雇佣大批量"水军"为影片评高分，或者给竞争对手恶意评论，这严重影响了电影品牌和电影市场健康发展。

2. 合理规避问题的策略

一方面要加强舆论监督引导、维护电影市场健康环境。面对着微博乃至新媒体上各种良莠不齐、纷繁复杂的信息，一个正确有效的舆论监督体系是非常必要的。早在2003年胡锦涛就指出："要高度重视和切实加强互联网新闻宣传工作，努力掌握网上舆论引导的主动权，使互联网站成为传播先进文化的重要阵地。"随着新媒体的高度发展，各种信息新事物不断更新变化，政府应当出台相应的管理办法来维护网络社会的秩序。作为主流媒体也应当以身作则，协助政府完善网络体系上的舆论引导，使之在一个正确的轨道上运行。

对电影产业来说，电影从业人员依托社会体制的大环境，必须遵循社会秩序，特别是网络社会的秩序。新媒体是一个发展迅速，变化极快的平台。面对瞬息万变的形势，电影从业人员应当有辨别真伪的能力。在新媒体中获取相应的信息，要去伪存真并拒绝虚假消息的扩散。针对电影产业的特殊性，电影从业人员要掌握宣传尺度。部分从业者利用夸大事实甚至虚假消息来达到吸引眼球、引起关注的宣传目的，这在无形中造成了一个恶性循环。观众被夸大、虚假的消息吸引走进影院，却在失望和被欺骗的感觉中度过90分钟。也许从业者在短期之内是达到了票房激增的目的，但是没有考虑到电影本身的口碑问题。观众们对电影越来越排斥，这种感觉渐渐得到夸大、虚假宣传的"免疫"，从而他们选择不去影院观影。就算是好的影片也会渐渐消失在人们的视野里，这样的恶性循环对电影产业的发展来说是个极大的阻碍。所以作为电影从业者，从自身规范做起，应采取正确的宣传态度。业内人士自发组织相应的舆论监督体系联盟，对恶性夸大、虚假宣传者采取一定的惩罚措施，维护电影市场的良性竞争。

另一方面要逐渐形成危机公关意识，利用新媒体塑造品牌形象。随着网络的不断发展，出现了很多负面事件，危机公关在公共关系中渐渐被人们熟知。危机公关是指应对危机的有关机制，它具有意外性、聚焦性、破坏性和紧迫件。具体解释危机公关，它是指机构或是企业为避免或减轻危机所带来的威胁和严重损害，从而有组织有计划的学习、制定和实施一系列管理措施和应对策略。危机公关在紧要关头起到了维护组织企业形象的关键作用。成功的危机公关会让组织渡过难关。对电影行业来说，危机公关的案例还不是很多，甚至在一定程度上还没有意识到需要危机公关来解决问题。然而随着新媒介的发展，人们获得信息的渠道越发多样化、信息复杂化，收到的负面消息的比例也比以往高出很多。面对负面消息的传播和扩散，电影从业人员应学习并采取危机公关中的相应措施，循其原则并更好地为电影服务。

　　具体到电影产业中的危机公关，笔者认为要遵循基本原则结合自身行业特点进行适当的处理。出现危机时，首先要有勇气承担相应的责任，实事求是。例如，前文提到的《王的盛宴》雇佣"水军"问题，陆川团队承认自己雇佣"水军"，这就是做到实事求是。实事求是是最基本也是最应该坦白的。《王的盛宴》实事求是的表现非但没有给自己抹黑，反而为处于劣势中的电影挽回了一定的口碑。不得不雇佣"水军"背后另有其因，鉴于对手的故意抹黑，使得《王的盛宴》电影的主创团队不得不采取这样的措施。其次，要注重进行真正的沟通，注重受众的感受，包括心理感受。当处在危机中，组织在这样的漩涡里想要扭转局面并非易事，此时特别容易成为媒体和公众的焦点。在此，笔者特意强调一下，某些发行宣传公司为了在市场中占领一席之地，恶意制造虚假炒作吸引受众的注意，这点是非常不可取的。虽然在一时间内达到了宣传范围上的推广，但是受众并不会真正地关注电影本身的好与坏。同时这样的做法虽然抓住受众的猎奇心理，造成了一定的影响，但是对电影品牌形象的塑造是有百害而无一利的。那么在电影宣传阶段，出现了有可能影响票房影响品牌塑造的负面事件的情况，从业者还应该从受众的心理层面去考虑。做到了实事求是并不代表危机就会随时间过去，此时，时刻关注受众的反应，只有在最有效的时间里做出相对的策略才是重点。最后，在解决问题阶段尽可能使事态平息。事件发展到一定阶段要逐渐平息，使之消失在人们的视野之中。在新媒体网络平台中多收集受众的反应及意见，为以后品牌的维护打好基础，同时做出相应的总结。

第五节　新媒体时代电视品牌栏目的经营策略

一、新媒体给电视品牌带来的好处

（一）传播途径多元化

从新媒体概念可以看出，新媒体形式多种多样，之前的电视栏目仅通过电视向外传播，而如今新媒体的发展，栏目传播途径日益增多，计算机、公交传媒以及当下最流行的智能手机等，都成为电视栏目的传播载体。因此，栏目的传播途径已然从传统媒体时代的电视传播得到大力扩展，其传播途径呈现出多元化。

（二）节目形式多样

在传统媒体时代，电视节目都趋向于输出。以娱乐节日为例，传统媒体时代都以主持人及嘉宾表演为主，而现在，在节目中加入了与场外观众微博互动、微信互动、短信互动等节目形式，从之前的一味输出型，逐渐转向互动型，其形式也随制作商的制作不同而不同。

（三）实现自由化

传播内容的数字化，大大促进了信息的交流和传播。新媒体在数字化技术方面的优势，保证了信息的高效复制与传播，并且易于不同形式信息（如文字、声音和图像等）间的相互转化。事件发生当下，其信息便可迅速以丰富多样的形式快速传播于世界各地。因此，与传统媒体相比，新媒体超越了时空的局限，保证信息的精准与失效。具体来讲，空间上，新媒体可以跨地域的传播，因此，不同地域的观众都可以收看节目；时间上，传播者可将新信息瞬时传播于受众，时间快、范围广，受众可以按自己时间安排，随时观看，并不一定必须在节目播出时刻观看，且可据自己的喜好重复收看或跳过。因此，观众从此不受任何条款限制，可随时观看自己中意的节目。

（四）加强品牌宣传与推广

新媒体形式的多元化，保证了信息传递的广阔渠道，而新媒体传播技术的普及，也加快了信息的传递速度。因此，品牌宣传可通过不同的媒体渠道进行宣传推广，而新媒体对信息复制转发的便捷，也保证了信息的传播速度。因此，渠道的扩宽以及时间的加快，使品牌的宣传与推广在空间和时间维度都有一定的进步。

二、新媒体时代的电视品牌栏目经营策略

新媒体时代数字化如何与电视栏目结合，是当前电视栏目都面临的一个问题，根据《中国红歌会》栏目的特点，有针对性的锁定特定观众，把栏目的内容上传到网上，通过点击率来获得人气，受众通过网络渠道及时反馈信息发表观点，甚至参与节目制作，让受众获得全新的视觉体验，这一切的结合将产生巨大影响。

（一）新媒体时代对电视品牌栏目的思考

目前，我国电视品牌栏目的经营，主要抓住以下几个方面进行经营与管理：第一，注重市场定位、受众定位以及内容定位。只有明确的定位，才能有效引导品牌前行。第二，注重明星主持人的打造。主持人既是电视产品的制造者，也是其传播者，同时还是电视品牌形象的主要体现者。因此，明星主持人是一个品牌的标志，发挥着传承纽带作用。第三，注重核心竞争力的挖掘。只有内容才是王道，如果没有内容，纵使外观再华丽，宣传再到位，也发展不长远，因此，品牌栏目都非常注重内容的制作与创新。第四，注重营销策略的培养。优秀的节目只有良好的宣传，才能将节目带给消费者，因此，营销策略的指定及实施，有利于品牌的推广。第五，注重品牌的维护。一个品牌的形成是经过长期论证、精密构思的结果，在风云变化的电视界，如何维护好品牌的延续是一个值得思考的课题。

新媒体的新是相对传统媒体而言的。那么新媒体"新"在哪里，又有什么特点呢？第一，新媒体的新表现为它的数字化。数字化是新媒体与传统媒体的根本区别。当前，我们已被车载移动电视、公共场合的楼宇电视、手机等新媒体所包围。其重要标志就是数字化，它们对社会产生了深刻的影响。笔者认为，数字化正成为区别现代传播方式与传统传播方式的新标杆。

第二，新媒体的新表现在它的及时性。传播内容的数字化，大大促进了信息的交流和传播。新媒体在数字化技术方面的优势，保证了信息的高效复制与传播，并且易于不同形式信息（如文字、声音和图像等）间的相互转化。事件

发生当下，其信息便可迅速以丰富多样的形式，快速传播于世界各地。因此，与传统媒体相比，新媒体超越了时空的局限，保证信息的精准与失效。具体来讲，空间上，新媒体可以跨地域传播；时间上，传播者可将新信息瞬时传播于受众，时间快、范围广。新媒体传播的"去中心化"传播方式，也使传播活动处于没有主导者的自组织状态，信息可随时迅速扩张传递，不受任何条款限制。

第三，新媒体的"新"表现在它的交互性。区别于传统媒体传播者和接受者的定位明确，新媒体已将其界限模糊，传播者和接受者可以互换。以互联网为例，大众可以有选择性地接收媒体信息，不受时间限制，并且其内容与主题可随大众需求与喜好而定。更为人性化的特点是，大众还可以随时反馈其态度和想法。随时随地，上传自己的所见所闻、所思所想，供其他信息接收者浏览接受。随着新媒体的逐步普及，"受众"一词也逐渐消失，取而代之地出现了大众熟知的"用户"一词，正是交互性特征的作用与普及所致。

新媒体还有其他一系列特征—容量大、技术高、个性化、易检性等。容量无限性是指新媒体通信网络不受时间和空间的限制。技术高主要表现在新媒体形态的多变，受助于计算机语言的发展以及成像合成等技术。个性化则正是出于新媒体对受众需求多样性的挖掘以及对市场的细分，使得用户可依据自己的喜欢与专业需求来选择和定制信息，易检性则表现于可随时存储和查找信息等。

（二）经营策略

1. 节目多元化宣传

要想广泛收看栏目，宣传非常重要，全方位的节目宣传是推广品牌的良好途径。在节目为播出前，可制作各种广告、预告，使大众对节目有一定的先验知识，了解节目播出时间，调动观众积极性。在播出时，节目现场的 LOGO，以及主持人的讲述等，无形中都是一种宣传的手段。在节目播出后期，栏目组还应主动与各媒体联合，注资植入广告以及在各大媒体进行节目播放等。据人体感官的调查显示，一样东西出现的机会越多，人体对它的记忆就越牢固。因此，只有全方位的多元化节目宣传，才能使广大观众对品牌牢记于心，并吸引观众，从而为品牌经营奠定群众基础。在最近的一次导演例会上，制作人曾提出关于加强宣传的问题，确实，在"中国红歌会"栏目的宣传这一块，还是比较薄弱，宣传基本上只是在"中国红歌会"栏目开始后，在自己的媒体有一些宣传片播放，缺少立体的全方位的宣传，可以借鉴别的卫视的好办法，在各个城市的地铁、公交、机场设置广告牌，在移动工具（如飞机、出租车）上增加广告杂志，播放宣传片。总之，就是要尽可能地出现在观众的视线内，要营造"中国红歌会"栏目无处不在的氛围。

2. 商家赞助节目

赞助商冠名是栏目获得资金资助的一个有效途径。一方面，通过节目播出时，在节目现场或者广告部分或者主持人主持等方式，提及赞助商名字，给赞助商做广告宣传，而赞助商则因此以合同方式为节目提供资金资助；另一方面，节目可借助赞助商品牌的影响力，增加观众的记忆点，使观众通过对赞助商的认可，从而对节目认可。因此，高品质品牌的赞助，也可以为栏目的品质提升增光添彩。众所周知，联手品牌制作节目，是做精品的良好手段，同时还能因此达到巨大的宣传效果。经过几年的摸索，"中国红歌会"栏目已与多家以红色为主旋律的产品积极洽谈，红色产品的融入，势必带来不一样的效果。在这个过程中可以根据节目的发展设立赢利目标，把《中国红歌会》栏目由最初的品牌培育阶段进入赢利阶段，再到设立赢利目标阶段，这个过程受到经济大环境、国家政策的影响很大，而新媒体时代给《中国红歌会》栏目带来了机遇。

3. 主持人与节目的匹配

电视品牌栏目的主持人，对电视品牌栏目有着不可忽视的影响。良好的主持人形象和风格，往往能吸引大批观众，并且品牌主持人具有很强人气，会将大量观众牢牢地吸引，产生巨大的广告效应，节目可以运用主持人的人格魅力，长期吸引一批忠实观众。

在主持人素质培养以及形象塑造过程中，应结合节目定位及栏目特点进行系统思考。什么类型的节日，就应匹配相同风格的主持人。例如，以何灵、谢娜为首的娱乐节目主持人团队，就不适合做法制节目的主持人。中国红歌会品牌栏目的打造中，主持人应该具有健康向上的积极形象、时代感、个人内涵、情绪感染力等，同时还应具有选秀娱乐节目的欢快和活泼感。

4. 节目现场互动

新媒体时代的来临，为节目与观众互动带来了便利。在节目播出时，可通过各种途径，让观众加入节目中来，提高观众参与度，有效感受节目气氛。通过新媒体手段与节目现场进行互动的方式，大体可有如下几种：第一，观众不仅可通过编辑短信的方式，支持自己喜欢的选手，还可对参与观众做抽奖活动；

第二，随着近两年微博和微信的快速发展，微博互动和微信互动已成为一种新的时尚。互动无需任何资费，只需编辑或转发，即可快速参与，而观众的微博内容也有机会在现场展现，是一种非常行之有效的互动方式。

当然，在节目播出及节目现场的互动之余，观众也可随时与栏目进行互动，将自己的想法与意见通过网络、微博、手机等方式与节目交流。每次播出时，观众通过短信平台发来的信息、宣传组会及时在屏幕下方飞播。对节目而言，其栏目建设的讨论和发言人已不再局限于专家学者，"草根"阶层的普通观众也有了更多的机会，提出自己的意见，这更加有利于栏目建设和维护。另外，笔者认为，红歌会还可以设置与场外观众的互动、礼品派送等活动。

此外，节目通过主动与新媒体合作，使丰富的内容资源在新媒体的技术平台上得到多次发布、复合使用与传播，增加节目的覆盖率及点击率，实现内容的增值服务。

5. 多渠道吸纳选手

在传统媒体时代，选手只能到招募现场进行自主报名，或节目深入世界各个角落，寻找符合条件的选手。在信息畅通的新媒体时代，选手已不再需要亲临招募现场即可报名，栏目组可通过各种媒体进行搜索。例如，现在节目参与的报名可以网上报名，发送满足条件的附带个人信息的电子邮件到指定邮箱即可报名，栏目组只需对邮件进行查阅和筛选，即可完成招募。同时，网络的发达，使每个有才能的选手公开展示在每个人面前。栏目组可通过微博、各大论坛、网络等，发掘每个有能力、有才艺的演员，通过网络与其联络，大大减少了走遍世界寻找的人力和财力。在保证选手质量的基础上，节约时间、节约投入。

（三）品牌维护

电视栏目塑造品牌非常困难，一个栏目一旦有了自己的品牌，就等于拥有了一笔巨大的财富。然而，品牌如果不能合理地维护和发掘，就只会渐渐没落，前期的付出就会付之东流。有的栏目昙花一现，有的栏目拘泥于自己的小天地，这样都不能实现品牌效益的最大化。因此，在注重品牌打造的同时，还应创新性地对品牌进行维护，这样才能保持该栏目的长久生命力，产生稳定的品牌效应。具体来讲，第一，品牌栏目应建立科学的栏目品牌评估体系，以及完善以法制为依据的品牌保护体系，如怎样保护节目专利、如何对栏目绩效进行管理等；第二，品牌栏目应建立良好的品牌栏目认同，维护好栏目与受众和市场间的关系；第三，品牌栏目的长足发展，应注意创新意识的培养，栏目只有随时不断追随市场变化，与时俱进地调整节目形式及节目内容，才不至于没落；第四，通过与观众的沟通与交流，不断听取良好的建议，不断完善品牌；第五，栏目应注重人才的引进，保证制作团队及管理团队的完整。

三、电视品牌栏目经营的创新措施

（一）树立品牌意识

电视栏目品牌指在电视竞争中具有稳定品质、鲜明特征、有较强竞争力及核心理念、有较大影响力、广受欢迎的栏目。品牌栏目是栏目名称、栏目标识、栏目风格和特色、栏目宗旨、栏目声誉、栏目包装、栏目结构、观众认同感等有形无形的总和。与产品一样，电视栏目想得到长足发展，深得人心，也需要打造自己的品牌，力争在质量、形式、信誉、市场占有率和市场回报等方面都要有优异的表现，使品牌存在于观众心中。

在激烈竞争的媒体市场中，重视电视栏目品牌打造，培养品牌意识具有其必要性。在品牌意识培养及塑造中，应注意以下三点：第一，电视品牌栏目应适应市场和消费者的需求。电视栏目和商品一样，都承载着品牌传播的重要责任。在激烈竞争的市场环境中，栏目应做好市场调研，挖掘市场需求，只有生产满足消费者需求的商品，才能得到消费者的青睐。因此，尤其在新媒体时代，在消费者主导的市场里，只有实施品牌营销策略，才能够占领市场。第二，品牌意识的营造，有助于促进电视栏目整体素质的提高。品牌创造的成功是一个从生产到营销，再到管理等一系列指标的完善协调。品牌营造的过程，有利于促进栏目中制作团队创新意识的培养、管理人才的协调水平的提升以及营销水平的提高等，实现电视栏目结构化的整体性素质提升，同时能更好地服务于观众。第三，栏目品牌打造应具有前瞻性，不能固守眼前利益，而应该从长远角度考虑，系统做规划。第四，品牌栏目的创建和经营，更是树立自身形象、增强社会影响力的重要手段。例如，湖南卫视凭借《快乐大本营》和《天天向上》等几个品牌栏目，深受广大观众喜爱。

（二）完善法律法规

虽然目前我国已经出台各种保护品牌方面的法律法规，但仍未形成健全的保护体系。因此，我国政府应不断完善法律法规，对品牌进行有效保护并对违者进行严惩，这样才能保证品牌栏目的有效正常运作和发展，为品牌发展之路保驾护航。

（三）打造经营团队

只有一个好的经营团队，一个和谐的工作环境，才能激发团队更高的创造力。因此，与企业一样，电视品牌栏目应该注重栏目团队的构建于管理，用专业的管理方式打造经营栏目团队，保证团队的和谐和稳定。

（四）加强行业监督

"没有规矩，不成方圆"。每个行业都应该有每个行业的游戏规则，电视节目制作行业也一样。为保障该行业稳定有序发展，我国政府应该制定一系列保障监督措施，扶持积极向上节目的良性发展，同时，严惩各种违规违纪的节目组。只有这样，我国媒体行业才能有序发展，更好地服务群众。

（五）完善反馈渠道

一个栏目如何走得更远，除了栏目自身要不断创新、不断进步，还应广泛听取群众意见，这就需要栏目建立完善的反馈渠道，保证反馈信息及时到达栏目，为品牌栏目的进步与发展提供群众基础。

第五章 媒介融合与传统媒介

第一节 媒介融合的现状及对传媒业的影响

一、媒介融合的现状

（一）媒介融合的含义

"媒介融合"这一概念的提出，在技术发展的基础上预见了传媒业发展的趋势，根据当时迅猛发展的科学技术，在推动传播媒介的变革中所起的决定性作用，研究者敏锐洞察到传媒环境将发生的改变。实践证明，媒介借助网络技术得到了前所未有的发展。"媒介融合"渐渐从理论和实践上得到印证，而且在技术的发展下不断完善。

另外，有研究者试图提出一个全面而概括性的定义，认为媒介融合是大众传播业的一项正常的项目或者说是一个渐进的发展过程，它整合或利用处于单一所有权或混合所有权之下的报社、广播电子媒体，以增加新闻和信息平台的数量，并使稀缺的媒体资源得到最优配置。在规模经济和范围经济的作用下，这些融合的媒介形式以及被重新包装的媒介内容，将提供给受众更大的信息量，从而实现领先竞争对手、获得便利、提供优质新闻的目的，并最终在数字时代的媒体竞争中保持优势地位。作为媒介融合的概括性阐释，这一定义虽然具有探索意义，但是仍然觉得有些意犹未尽。

还有观点认为，"媒介融合"的概念应该包括狭义和广义两种，狭义的概念是指将不同的媒介形态"融合"在一起，产生"质变"，形成一种新的媒介形态，如电子杂志、博客新闻等；而广义的"媒介融合"则范围广阔，包括一切媒介及其有关要素的结合、汇聚甚至融合，不仅包括媒介形态的融合，还包括媒介功能、传播手段、所有权、组织结构等要素的融合。

关于"媒介融合"这一现象和趋势，近几年来研究的范围方向虽然日益广泛，但是具有说服力的全面概括似乎并不容易，只能阐释其状态或可能的发展动向。而这也是媒介融合的一大特点，因为媒介融合是基于科学技术的发展而出现的，并且伴随着科技的日新月异，媒介融合将有更深广的内涵，所以一时很难有定论。

笔者对媒介融合的研究将关注其正在发展的态势，如传统媒体间的融合、新媒体新技术的应用以及新旧媒体之间的融合等现象，对报网互动、广播与数字技术的融合、网络电视、手机电视、电子杂志以及户外新媒体等进行初步探索；对目前西方国家的关于媒介融合的实践进行分析，如探究美国著名的媒介融合案例坦帕新闻中心的运作模式，展望媒介融合的发展趋势和对新闻传播业的影响，分析其发展中可能出现的问题等。

（二）新媒体和初步的"媒介融合"

1. 新媒体的含义

关于新媒体的定义目前也并不统一，新媒体与数字技术和网络技术的发展密切相关，是互动性媒体，有学者就把新媒体定义为"互动式数字化复合媒体"，这样定义未免有些简单，但是说明了与新媒体相关的两个关键因素：数字技术和网络技术，这两个因素的发展造就了新媒体。从下面几种关于新媒体的界定上，可以看出新媒体的一些特点。清华大学新媒体研究中心主任熊澄宇教授认为，新媒体是一个相对的概念；新对旧而言，相对报纸，广播是新媒体；相对广播，电视是新媒体；相对电视，今天的网络又是新媒体。当然，在一定的时间段之内，新媒体的内涵有其相对的稳定性，如印刷媒体、电子媒体到数字媒体。今天的新媒体主要指，在计算机信息处理技术基础上产生和影响的媒体形态，包括在线的网络媒体和离线的其他数字媒体形式。这一概括从媒介发展史来阐述新媒体的所指，从中可以看到新媒体是一个不断发展的概念，是伴随着科学技术的发展而不断催生的新的媒体。联合国教科文组织曾对"新媒体"有过这样一个定义，即新媒体就是网络媒体。那时正是网络初显势头之时，现在看来，新媒体不仅仅是网络媒体，范围更广。

2. 新媒体和新的传播形态的代表

（1）网络电视

网络电视指的是 IPTV，即交互网络电视，一般是指通过互联网络，特别是指宽带互联网络传播视频节目的服务形式。互动性是网络电视的重要特征之一，有人指出，IPTV 的用户不再是被动的信息接收者，可以根据需要有选择地收视节目内容。

（2）数字电视

数字电视是一项信息化系统工程，经历了黑白电视、彩色电视的阶段，电视系统向数字化迈进。国际电工委员会对此的定义是：数字电视是用数字信号表示图像信息的方式。数字电视系统是将活动图像、声音和数据，通过数字技术进行压缩、编码、传输、存储，实时发送或者经过记录媒体传播的视听系统。从节目制作端、信号发射端、信号接收端，均采用数字处理技术，所有图像和信号全部采用数字信号。

数字电视具有多种技术优势，如图像质量高、节目容量大、伴音质量好、信号存储容易等优点。数字电视采用数据压缩技术，便于实现三网的融合（互联网、电视网、电信网），将是未来电视发展的必然趋势。

（3）手机媒体

手机已成为人们日常生活中不可或缺的通信工具，手机媒体的作用也日益得到彰显。如今的手机已不再单单是通信工具，还担当起了"第五媒体"的重任。手机媒体最初的出现承担着个人通信工具的功能，但是随着技术发展使其功能得到拓展，手机媒体同时具有了人际传播和大众传播的巨大功能。手机短信互动性强，彩信使手机具有了多媒体的功能，手机报成为受众获取信息的一个便捷、快速的渠道。手机的更新换代迅速，现已进入 5C 时代（即第五代数字通信），除完成日常的通信外，还可以进行多媒体通信，还可以上网、下载、发邮件等多种功能。由此，手机作为媒体的硬件条件更加完备。手机媒介的出现打破了已有媒介的界限，开辟了一个阅读视听的新时代。

（4）户外新媒体

户外新媒体的互动性、大众化以及精确、实时、高效等传播特点使其迅速发展，短短几年种类、数量都在不断增多，成为与人们密切相关的媒体之一。户外新媒体产业的迅速崛起带动了互联网、无线网络、数字广播电视等众多产业的变革和转型，有研究者认为，户外媒体的发展面临超细分和大众化两极化的发展趋势，因其包含的类型多样、内容多元而有巨大的发展空间。

（5）电子杂志

电子杂志是以数字技术为依托，由传统杂志发展而来的新型杂志的总称，是在传统媒体和网络媒体融合的基础上产生的。传统杂志的专业化、小众化、精品化的发展趋势和特点为电子杂志所继承。在数字技术的支持下，电子杂志具备了传统杂志无可比拟的优势，如电子杂志互动性强、发行地区不受限制等，并且大多数电子杂志可以免费浏览、下载，吸引了大量受众。目前，电子杂志还不成熟，有待于进一步完善发展，将来是否会取代传统杂志，还有待时间的检验。

（6）博客

Blog 是 Weblog（网络日志）的缩写，是在网络领域新兴的一种信息传播方式。博客的内容主要为个人表达，以日记体的方式更新频繁，可以利用超链接、拓展文章内容、知识范围、与博客界进行联系等。

博客具有选材广泛性、记录真实性、版面个性化、写作个人化、反馈及时性等特点，因此得到了网民的青睐。另外，博客的注册简单、便捷等也使普通人拥有了发布信息的平台，这些特点使博客的发展迅速，成为人际传播重要的传播方式之一。

新媒体和新的传播形态的种类不止上述几种，从上述新媒体的情况看来，其中大都是多媒体技术、新旧媒体及传播方式融合的结果。这些新媒体都是基于网络技术和数字技术的发展而产生的，其后的发展也离不开新技术的支持。尼尔森在《传统媒体的终结》一书中预言，未来的5~10年，大多数现行的媒体样式将消失，他们将被以综合为特征的网络媒体所代替。虽然事实也许并非如此绝对，但是可见新媒体力量的强大。伴随技术的发展，新媒体之间在不断融合发展，但是任何新媒体都是过渡型的媒体，在赢得受众、功能定位等方面，只有经受住考验的媒体才能不断发展、不断完善。

3. 初步的媒介融合

传统媒体与新媒体在技术层面融合产生了新型融合媒体，如传统媒体报刊、广播、电视与新媒体网络、手机等的融合，产生了电子报刊、网络广播、手机报、手机广播、网络电视、手机电视，加上无线、卫星、液晶等新数字技术的应用，又出现了卫星电视、移动电视、楼宇电视等新型融合媒体,成为新媒体中的一员。

网络、报纸、广播、电视等各种媒体正处在不断交叉、相互融合的状态,其中新媒体处于核心的地位,新媒体的数字网络技术为媒介资源融合提供了必要的支持。总之,媒介融合已经渗透到媒体存在的领域,成为一股不可阻挡的趋势。

二、媒介融合的影响

媒介融合的实践已经产生了巨大的影响,无论是对新闻传播业,还是对整个社会,都有不同程度的改变影响,随着媒介融合进程的深入,其影响会更深刻。从传媒业的角度看,媒介融合对新闻信息传播过程中的新闻信息采集方式、新闻内容、传收者地位,以及新闻学教育、人才培养等方面提出了新的要求,传媒管理模式甚至关于传播的政策法规,也将会更加适应媒介融合的步伐。对整个社会环境而言,媒介融合逐步改变着媒介环境,进而对人类生存的社会环境产生影响,具体体现在社会与媒介的关系、人与人之间的关系、人与媒介的关系等方面。

新闻传播过程包括传播者、新闻媒介和受众,最简单的新闻传播流程是:新闻事实由传播者通过新闻媒介传向新闻受众。在这个传播过程中,传播者起着积极主动的作用,受众更多的是处于被动的地位,即使有反馈也比较微弱。在当今的传媒环境下,媒体的形态多样,新闻传播过程也会变得复杂化,上述单一的传播流程已被改变,许多新的形式和特点丰富了传播过程,如传播者和受众的界限变得模糊,互动成为新媒体传播过程中的一大特点。传播者不再是信息发布的权威者,借助新媒体或新的传播平台,受众也可以自由地发布信息等。在媒介融合背景下,新闻传播方式从传统媒介主导的单向传播,变为专业媒介组织与普通公民共同参与的分享式、互动式,大众传播与人际传播更加紧密地结合与汇流。同时,传播者和受众的地位发生了变化。具体表现在以下几个方面。

(一)传播者和受众的区分日益淡化

新媒体使传播者和受众的分界变得模糊,新的传播形态彻底改变了传播者和受众的划分,像手机短信、即时通信、博客等传播形态已经难以区分传播者和受众,人人都可以传播信息,成为传播者,人人也会作为受众得到别人传的信息。对传统媒体而言，在特定时期或关键时刻，传统意义上的受众也成为传播者。例如，在汶川地震中，由于地震破坏严重，传统媒体既无法亲自到现场进行拍摄，也无法对地震时的情况进行补拍，便利用地震时处于地震地区的受众拍摄的画面，这些成为不可多得的一手资料。现在，越来越多的人拥有摄像机、手机等设备，在一些突发事件发生时，可以用最快的速度记录下来，从而拍摄到传统媒体来不及采访到的信息。

（二）传播者的地位减弱，受众的地位上升

从受众的概念提出至今，受众的被动地位逐渐改变。"受众"的概念源自20世纪初大众社会理论对"大众"的看法，但"大众"带有一些贬义。不少学者都认为，大众是毫无凝聚力、如一盘散沙的"乌合之众"。早期的传播学者从宣传的角度出发，先后提出了"枪弹论""靶子论""强效果论"等理论，在这些理论中传播者居于中心地位，受众被看成被动信息的接收者。后来，"使用与满足"理论的提出指出受众的某些能动性，将受众看成有特定需求的个人，他们的媒介接触活动是基于特定的需求动机来使用媒介，从而使需求得到满足的过程。在当今的传媒环境下，受众的主动性更加明显，如网民可以在互联网上任意收集自己感兴趣的信息、掌握一定的主动权、传播者和受众处于平等的地位。

（三）传受双方的互动成为在传播过程中的普遍现象

传统媒体大多是单向线性传播，缺乏互动，新媒体和新传播形态的出现则实现了传受双方的互动，使信息传播更加及时、流畅，增强了传播效果。在技术和新传播形态的作用下，传统媒体在某些方面实现了互动，如短信参与广播电视节目使受众的反馈及时、迅速。另外，手机报、手机电视、电子杂志、播客等的出现，使传播者的界限更加模糊，受众不再是被动地接收信息，而是更加主动地传播和掌握信息。传统媒体利用新媒体、新媒体充分发挥优势作用，由此，互动逐渐成为在传播过程中的普遍现象，这一特点使传播者和受众的地位发生了深刻的变化。

除了传播者和受众地位发生的变化，媒介融合也对传播者和受众提出了新的要求。无论是对媒介组织和记者，还是对受众而言，都是巨大的挑战。传统媒介组织要想在新媒体的环境下争得一席之地，必须不断创新，借助新媒体克服弱点，争取更多的受众；新媒体应学习传统媒体的优势，取长补短，不断发展，不至于经不起时间的考验在激烈的市场竞争中被淘汰；媒介融合为新闻记者提

供了充分施展才能的机会，媒体形态的增加使他们有了更多的选择平台，而加强自身素质，掌握多方面知识和技能，以适应不同媒体的需求势在必行。对受众来说，媒体形态的丰富和信息的增多需要受众素质的提升，只有不断学习新的媒介知识，才能跟上形势的发展，面对各种新媒体，受众只有不断更新自己的知识系统，才能充分利用媒体获得需要的信息。

新媒介的不断涌现，使信息来源、信息管理和采集方式发生了一些变化。新闻信息来源多渠道，不仅仅局限于权威部门和传统媒介组织的发布，借助手机媒体、博客、播客等传播方式，"草根记者"出现，普通人参与到传播者的行列中，使新闻的信源结构发生变化。信息管理更加集中，不同媒体借助同一传播平台汇集信息，像坦帕的"媒体综合集团"有统一的采编中心进行新闻信息的采集、加工和处理，制作成不同的节目，为旗下不同的媒体所采用。另外，信息采集方式也会随着新传媒技术的发展不断增加，视频会议、电话采访、邮件采访、即时通信工具的利用，不受空间时间限制，使采访方式更加灵活多样。

媒介融合实践的发展，在一定程度上使理论研究达到了新的水平，进而促使新闻教育的创新。近几年，随着互联网等新媒体的出现和发展，在实践发展的推动下，新闻理论的研究也不断创新，如《解码新媒体》《博客传播》《视频互动媒体》等都是关于对新媒体、新的传播现象的研究，这都是在新传媒环境下出现的研究。关于新媒体的教材、著作不断涌现，既有国内研究者的原创，也有外国著作翻译；既有理论性著作，也有对实践的解读。在此影响下新闻学教育紧跟形势，既重视理论也注重实践，开设的课程更加全面，新闻学人才的培养更加专业化，具有针对性，以适应不同媒体的需要。

媒介融合不但能够给传媒业带来巨大的变化，而且对相关产业的发展也有相互促进作用。数字技术的发展促进了媒介融合，媒介融合步伐的加快也会相应地促使一些阻碍因素的影响减小。与媒体密切相关的"三网"成为最近几年颇受关注的话题之一，特别是关于"三网合一"，即将现有的电信网络、计算机网络和广播电视网络互相融合，逐渐形成一个统一的信息系统，这也成为与媒介融合相互促进的一项工程。由于科技的发展，"三网"融合的技术障碍已经不是问题，但是还受一些因素的制约。按原来在行政上的划分，广电、电信、计算机的技术基础不同，由此分割出三大块市场，三者之间竞争相对独立，电话归于电信行业，广播电视归于广电，互联网归于电信，网络电视出现后则与广电和电信相关。当电信运营商进入广电领域，行业之间的利益纷争便成为新媒体发展的绊脚石。但是，随着电视、电话、电脑等在功能和内容上的相互影响、在业务上互相渗透和交叉。

媒介融合的影响是广泛的，不仅对传媒业及相关产业，对社会其他方面也有一定的影响，具体表现在对媒介与社会、媒介与人、人与人的交往方式等方面也有一些改变。新媒体的出现、媒介融合的发展趋势，使媒介对整个社会的影响力增加，媒介与人之间的关系更加密切，人与人之间的交往方式日益多样化，在社会、群体组织、个人交往等方面都深深打上了媒介的烙印。

当代传媒环境下，媒介对社会的渗透更加全面，社会生活的各个方面都离不开媒介，数字技术的发展和互联网的出现更是将这种渗透发挥得淋漓尽致。人们足不出户，就可以网上购物、娱乐、工作、联系等。正像20世纪20年代美国学者李普曼指出的一样，现代人"与客观信息隔绝"，从而把"拟态环境"当作客观环境本身来看待，而在大众传播形成的信息环境（即拟态环境）制约下，人的认知和行为逐步适应媒介所营造的社会氛围，"拟态环境"有演化为现实环境的趋势。这样相互影响下，"拟态环境"与现实环境的界限渐渐模糊，社会的媒介化日趋明显。相对比李普曼生活的时代，21世纪的今天，在新媒体和新传播形态下，媒介的影响范围更大，其作用无处不在，社会的媒介化更加深入全面。

在群体组织方面，由地点限制的传统群体组织对人的影响已经开始渐渐减弱，生活在都市的人们，各自在自己的小圈子内，他们更多通过媒介相连，邻里之间、甚至同事之间很少往来，他们通过手机短信和网络中的即时传播工具、论坛及校友录等的联系则较为普遍。网络催生了许多新名词的出现，如"驴友"召集在网络上认识的来自不同地区、不同职业、拥有共同爱好的人们出门旅游，形成一个暂时的群体组织进行活动。又如"博客圈"，由写博客的人根据自己的兴趣爱好以及博客的内容把文章投到相应的"博客圈"里，让更多有共同爱好的人来欣赏、评价。现代传媒的发达，改变了以往单一的由客观因素划定的群体组织，使人们可以自由、自愿选择符合自己个性的群体组织。

人的娱乐方式和人与人之间的交往方式，在媒介的作用下发生着改变，手机报、手机电视、手机游戏、联机游戏等，让人们随时随地可以获得信息并进行娱乐。例如，像博客、播客、论坛可以随时传播信息，发表自己的见解和主张，并对别人的观点进行评价。人与人的交往方式更加自由、便捷，如传统的书信，即使在同一个城市，也要一天甚至几天才能到达，而现在的一个电话、一条短信、一封电子邮件都可以跨越距离的阻隔，很快联系到彼此。另外，像即时通信、论坛等，只要在线，就可以立即得到回复。

生活在当代社会中的人已经难以离开媒介的影响，而媒介融合使媒介对社会、群体组织和个人的影响更加明显，媒介改变着人类的组织结构、生活方式、交往方式、娱乐方式、思维方式等各个方面。随着媒介融合趋势的加快，人们接触媒介、使用媒介不但会更加频繁，媒介的影响也会更加广泛、深入。

第二节　媒介融合下的电视新闻栏目创新

一、媒介融合：电视传媒的革命性变化

电视作为目前全球最具影响力的大众传播媒体，在信息时代扮演着非常重要的角色。虽然屡次面对以网络为代表的新媒体的挑战，但其方便快捷的收视方式、生动形象的表现形式以及信息的权威性，决定了它无论在信息传播、大众娱乐、社会教育和提供服务，抑或社会稳定、社会发展方面都起着不可估量的作用。

伴随着时代的发展、科技的进步，如今的电视传媒正发生着革命性的变化。它们以信息技术为中介，以卫星、电缆、计算机技术等为传输手段，与报纸、网络、移动电视、IPTV 等传统媒介和新型媒介融合，呈现出多功能一体化的趋势，发挥着越来越强大的传播作用。

随着数字技术、特别是多媒体技术和数字电视技术的普及，我国电视新闻的采访、制作和传播不再是单纯依靠专业电视人员。一个"全民"参与电视采、制、传的新传播革命时代正悄然到来。首先，家用数字摄像设备接近甚至达到专用设备标准，使个人拍摄的 DV 片极大地丰富和拓展了电视新闻内容。其次，手机新闻后来居上，如日本"3·11 地震"的当天，在日本 NHK 和我国中央电视台播出的许多电视画面，都出自非电视专业人士的日本市民用手机拍摄。网络视频则是这场视听革命的中坚力量，各大网站建立的以播客为代表的视频点播平台培养了数以千计的电视新闻采访、制作和传播人才。网络新闻内容广泛、题材灵活、角度独特、风格新颖、表现生动，成为社会舆论的重要构成。传统的电视节目生产消费，正由过去的"亿人一台"向着"一人一台"转变。电视

新闻制播全民化，颠覆了传统的以电视台为中心的制作—播出体系，将我国的电视事业推到了一个崭新的"全民参与"发展时期。

可以说，媒介融合既是科技进步的标志，也是时代进步的必然。

二、媒介融合：电视新闻栏目采、制、传的成功模式

无论是对传统的电视新闻媒介而言，还是今天媒介融合的新态势，新闻媒介的首要责任是满足公众的知情权。

在我国，从央视到各省级电视台直至地市级电视台，其新闻节目都是按照传统模式生产，即一个新闻栏目除了配备一定数量的编辑人员，都配有数量庞大的前期记者采访队伍，这些记者采制回来的新闻一般都供记者编制所属栏目采用。由于自带记者采访的地域性局限，以及地方电视媒体财力、物力所限，这样的新闻信息远不能满足观众对全球重大新闻信息的需求。当今地方电视媒体新闻栏目的采访、制作、传播的过程就是一个传统媒体与新媒体融合的过程。在融合过程中，传统媒体与新媒体已经由对峙、竞争到融合发展的阶段。除传统的摄像、剪辑，手持电视、网络视频、博客、微博等通过互联网的中转外，终端均落地于传统电视媒体——开办栏目，设置专栏。当各种新的媒介载体不断地出现在社会生活中时，"媒体融合"作为一种新型的运作模式，逐渐形成两种媒体融合发展相互促进的媒体生态环境。在融合过程中，传统媒体与新媒体的传播方式、传播内容相辅相成，相得益彰。

首先，这种模式为电视机构节约了大量人力、物力和财力，使电视机构的采编人员的构成得到最大限度的精练。传统电视新闻机构内部分工细致，一个栏目除了制片人，还有责任编辑、现场编辑、文字编辑和为数众多的出镜记者、摄像记者以及主持人等。据了解，一个省级电视媒体如果自办一个50分钟的电视新闻栏目，自带记者编辑人员一般不少于35人，而现今通过融合创新，一个50分钟的电视新闻栏目只需要五六位编辑就能完成每天的栏目编排及直播。

其次，这种融合模式克服了地方电视台的地域局限。无论是日本的地震、海啸、福岛第一核电站的核泄漏抑或是其他新闻，电视机构都可通过手机电视、网络视频、电话连线、卫星直播等方式实现"跨介质"（广播、电视、纸媒、网络、手机）传播和跨平台（有线平台、卫星平台、无线平台）传播，让观众在第一时间同步了解到世界各地发生的重大新闻事件，而这既最大限度地保证了新闻

时效，也最大限度地满足了观众对重大新闻的知情权。

可见，媒介融合为电视新闻栏目的采、制、传探索出一条成功之路，成为电视新闻栏目采、制、传可以借鉴的成功模式。

第三节　媒介融合下我国传统媒体新闻编辑转型

一、媒介融合下，新闻编辑面临的挑战

（一）发生变化的新闻编辑生态环境

人们接触媒体的习惯已经和日益发展变化的科技一起，发生了非常大的变化，传统媒体的受众会被诞生的每一个新媒体所吸引。那么传统媒体如果不去整合，还沉浸在单一媒体层面，媒介形态的壁垒就无法打破，传统媒体就很难实现媒介融合的可持续发展。传统媒体被新媒介分流了很多受众，利润的获得不能只限于一种媒介，传统媒体由此开始整合，许多传统媒体借助新媒体，提高了传播质量。

（二）产生变化的新闻编辑

1.报纸新闻编辑

从编辑文字新闻稿件，到编辑文字和图片，到运用数码相机、计算机、扫描仪等进行信息的采集与编辑，再到互联网的运用阶段，报纸新闻编辑的内涵在转变中得到了丰富。跨地点编辑、异地提交印刷，这是报纸新闻编辑实现的技术飞跃，并使得服务质量得以提升。

2.广播新闻编辑

从播报报纸新闻开始，到独立的新闻发展阶段与实况和现场报道，再到走向专业化道路，新闻编辑工作量增加。为了节省时间，很多主持人兼职做起了广播新闻编辑，新闻稿件每时每刻都要进行编辑。

3.电视新闻编辑

从复制广播阶段，到文字编辑加视频编辑，到使用摄像器材、通信技术实现远距离传输，再到现场直播时代，电视新闻编辑要在事件发生的现场来完成

电视节目的制作，继而传回电视台进行直播。

（三）发生变化的新闻编辑工作流程

报纸编辑工作的流程，在媒介融合的时代要实行报网融合，增加对内容素材的识别和分类环节，确定信息是以文字形式、图片形式、音频、视频等哪种形式出现，从而奠定了分类加工的基础。广播、电视编辑工作流程，两者的工作流程较为相似，都重视现场的声像，对报道线索的依赖程度比较高。在媒介融合后，广播电视会在播报中加入网友对新闻的评论，以此来表达人民的心声，这要求编辑对网友的评论进行严格的筛选和控制，在掌握编辑技能以外，还要求网络操作技能非常熟练，培养其阅读网络评论的习惯，

二、媒介融合下传统媒体新闻编辑的转型

（一）对新闻编辑的受众意识予以转变

1.树立对编辑主动的受众意识

编辑要主动站在受众的角度思考，对受众关注点进行预测，提供受众所需的信息资源。传统媒体要想在新媒体兴起后赢得受众，就需要要求编辑必须从受众的兴趣出发，使内容向受众靠拢。另外，编辑还要去了解其他媒体受众的兴趣点，在制订编辑计划的时候将其集合起来，制定下一阶段的编辑内容，以实现媒体知名度的提升。

2.将受众参与纳入编辑工作过程中

传播走向受众的影响正在日趋增加，在信息传播中可以有效实现受众的反馈和受众与媒体的互动，受众意见被越来越多地纳入信息生产与制作过程，新闻编辑工作的最终目标就是要把更便捷、更全面的信息提供给受众。首先编辑要在策划中重视受众的参与度，其次要让受众参与到编辑工作过程中来。

3.将应对单媒体受众转变为应对多媒体受众

由只考虑面对一种媒介的受众，转为考虑面对多个媒体受众，在这个转变的情况下，应用多媒体平台的意识应是每个新闻编辑都要主动拥有的。

（二）对新的阅读方式予以适应

现代新闻编辑是信息的筛选者和解读者，只有拥有非常渊博的学识才能为受众有效地筛选并解读信息，新闻编辑要完善自己的知识结构，可通过大量阅

读来实现。提高新媒体带来的许多新阅读方式的效率与质量，对新阅读方式的适应是很重要的。新兴业态融合了多媒体和海量相关信息，这是在思维模式与知识结构方面对新闻编辑提出的挑战，新闻编辑要结合自己的爱好及需求来对阅读方法进行调整。编辑要接触新媒体形态下出现的各种介质的读本，对读本的特性进行了解，实现其对新读本阅读方式的适应度的提高。

（三）对新闻编辑的角色定位予以转换

1.由信息的筛选者转换为媒介的解析者、协调者

传统新闻编辑是以新闻规律、政策、媒体、栏目的自身定位为依据，对信息和新闻进行筛选、删除、组合。在新媒介融合时代，新闻编辑的角色要进行转变，既要把对不同层次需求的专业化解析提供给受众，还可以把对信息的全方位解析用多种媒体发布出去，在传统媒体和新媒体中，把普通受众和专业人士联系起来。

2.在将新闻稿件做精的同时，还要做好对事件的策划

将新闻稿件做精是传统媒体编辑的基本功。在媒介融合后，面对新平台的事件策划，传统媒体的新闻编辑就略显薄弱，要想把事件策划做得更好，传统媒体就要将平台能发布多种形式信息的优势利用好，将新栏目开设到网络平台上，在新栏目中把接到的信息进行实时更新；借助能以多种媒体传播信息的整合媒体的优势，参与到社会活动的策划中。

3.在做好编辑工作的同时，还要学会媒体经营

媒体想要在媒介融合后获得成功发展，就必须将营销贯穿整个媒体的运作过程中。新闻编辑要通过考虑市场因素来进行选题策划，判断并评估应选择的形式，制作出符合该形式的内容。

（四）对编辑预备人才的培养模式予以转变

在媒介融合的背景下，培养出的新闻传播人才应具备跨文化的思维、跨媒体的技能、跨学科的知识，要对师资队伍予以完善、对课程体系进行优化、对实践环节予以加强。复合型人才的培养，要想教师有复合型的知识结构，这需要高校完成对师资队伍进行重建知识体系、利用融合媒介技术，使教师团队形成个完善的团队。只有严格制订一系列合理的课程计划，形成完善的课程体系，才能培养出复合型人才。在实践上，高校可与实体媒体联合，让学生真正参与竞争，制定绩效工资标准、考勤等制度给实习生，让他们提前适应社会。

第四节　媒介融合下"融合新闻"的发展

一、"媒介融合"和"融合新闻"

尼葛洛庞帝在 1978 年首次正式提出"媒介融合"这一概念。在世界范围内传媒行业发展最为迅速的美国，媒介融合从根本上实现了由理论到实践的质的飞跃。关于"媒介融合"这一概念的具体定义，学者们众说纷纭，目前还未出现公认的定论。例如，美国教授沛尔曾指出："媒介融合就是各类媒介逐渐呈现出功能一体化的趋势，这种趋势是由电子科技发展造成传播形态出现聚合而导致的。"美国新闻学会媒介研究中心主任指出："媒介融合实质上是各类传播形态的媒介进行联盟合作的状态，一般包括视频传媒、印刷传媒以及数字传媒等。"在我国，中国人民大学的著名学者王菲是这样定义"媒介融合"的，她认为"媒介融合必然是出现在电子技术迅速发展的时代背景之下，而不同媒介之所以发生融合互动，是因为新闻信息消费者的终端需求。"现代人对新闻信息的消费早已呈现终端多维化趋势，平面终端、电视终端、电台终端、手机终端、PC 终端、LED 终端等消费形式多时间段融合。在具体媒介融合的过程中，我们发现其实所谓媒介融合，同时涉及新闻内容融合、媒介网络融合以及媒介终端融合这三大过程。

"融合新闻"本质上是媒介融合发展进程中的必然产物，但绝不是唯一产物，同时"融合新闻"的良好发展能够推动媒介融合走上更加稳健的发展平台。在实际传媒发展过程中，要想使"融合新闻"成为改变传统模式的有力手段，就必须培养有良好新闻素养的工作团队、采取有效的改革措施，并帮助公众构建一定的媒介素养。总的来说，媒介融合和"融合新闻"其实是相互依靠的，在进行传媒业改革的过程中，我们不仅要关注"融合新闻"的发展情况，更要关注二者的契合度。

二、"融合新闻"对我国新闻业的挑战

首先，为保证"融合新闻"合理性发展，就必须制定完善的媒介规章以及

传媒业内部的管理准则。之所以在发展"融合新闻"的进程中要注重相关规则制度的制定，是因为媒介管理体制中所涉及的各类规章制度将直接决定媒介融合的质量，而"融合新闻"恰恰是媒介融合中的重要产物。具体来说，我们不仅仅需要优化原有媒介管理中的区域分割与行业分割制度，更应该从根本上打破这种将单一媒介形态作为发展基础的传统传媒发展模式。而新制度的建立以需要经历较长的一个过渡期，在这段时间内我国新闻业将会遇到很多阻力。

这种全媒体新闻中心在统一平台的基础上，融合至少三种以上媒体组织，最终实现在一定范围内采集不重复，发行多渠道，尽可能一文多用，创造新闻采编的最大使用价值和最大范围地满足新闻受众的需求。这种形式无疑是一种很好的尝试，它完善了原有的媒介机制，对多维度的媒介组织进行了很好的融合，在经济效益、人力效率上能够实现优化。

其次，由于"融合新闻"所直接涉及的传播媒介与新闻内容的多样化、丰富化，发展"融合新闻"需要一支高效优质的新闻工作团队，因而目前国内新闻工作者本身的职业生涯面临着一定的挑战。新闻工作者必须在最短的时间内成为符合"融合新闻"发展的新型人才，努力提升其全方面素质，争取成为全能型的记者编辑人才或者新闻行业管理人才。全能型的记者编辑人才除具备传统的新闻采写编评技能外，还要能够熟练使用现代化采写工具，如电脑、智能手机、摄像机、照相机等，能够同时满足制作手机新闻、网络新闻、纸质媒体文字图片需求以及网站、户外 LED 屏的视频需求。

最后，新闻业在发展"融合新闻"的同时，还必须得到社会公众的配合与支持，需要社会公众表现出一定高度的媒介素养。这是因为"融合新闻"在正式推广的过程中不能单单依靠新闻业单方的操作，也必须鼓励公众进行积极互动，达到一种新闻共享的局面。然而如何鼓励社会公众积极和谐地加入"融合新闻"的发展过程中来，就成为目前新闻业的一大难题。积极争取媒介之外的个人力量，参与"融合新闻"的发展过程，从而使新闻业呈现"分众化"，也是极为重要的难题。

三、"融合新闻"的发展及措施

由于目前我国的媒介融合形态并不完善，因而"融合新闻"的发展尚处于初级阶段，在这一发展阶段之中，受到了来自各方面的压力与阻碍，出现了以下面三点为主的发展困境：

首先，目前国内的新闻发展业对数字信息内容还未能进行有效管制，或者说尚未为联盟平台构建起系统化的信息分享平台，而具体的生产商之间也无法针对数字信息进行相互沟通交流，导致新闻信息的分享途径遇到阻挡。在这种"信息孤岛"的合作背景之下，很多资源信息都在无形中被浪费，"融合新闻"的进一步发展更是举步维艰。目前，国内很多媒体尚未掌握部分新闻信息的采访报道权，特别是在跨地区以及跨媒体的采访活动中其所受到的阻力在极大程度上影响了其新闻的正常运作。另外，部分媒体虽然掌握了一定的采访报道权，但是由于信息传输媒介之间的融合尚不成熟，对数字信息内容的管理制度尚未健全，因而很多新闻报道在编辑环节都无法朝"融合新闻"的方向前进。

前文所提到的全媒体中心，其举措虽然好，但仍有一定的局限性，这个局限性在于这个"全"是有限制的"全"，是在某个媒介集团内部的"全"。如果未来全媒体新闻中心能够以市或者省为单位，并且能够以一定制度为保障，实现新闻的无障碍跨地区采编，才能称之为真正意义上的"全"。

其次，由于"融合新闻"的发展需要建立在崭新的信息平台之上，因而新闻业需要在新的媒介生产流程之中开展工作，而新事物新方式将会给新闻业发展带来转型期的压力。在传统媒介的生产流程中，新闻工作都是以采访编辑为其核心内容，而在新媒体的介入以及媒介融合的大背景之下，新闻工作必须冲破原有信息流动上的阻碍。在新型发展模式之下，为了更好地推动形成"融合新闻"，就需要组成互动性较强的新闻报道团体。目前而言，媒介融合将要求电视、报刊以及网络媒体进行互动性合作，通过文字、视频、音频等信息报道来体现"融合新闻"的多样性与进步性。但是由于不同媒介之间原有操作流程各不相同，因而在短时间内进行磨合合作是较为困难的，新闻业也因此在平台整合上面临着困境。

最后，在媒介融合的新型时代，新闻业的媒介公信力也受到了一定的质疑。我们往往将民众对新闻媒体的认可度以及采信情况作为衡量其权威的标准。一般来说，传统媒体虽然在信息传播速度以及形式上无法超越新媒体，但是传统媒体在民众当中的权威性相对较高。因而目前新闻业在媒介融合的基础之上发展"融合新闻"时就容易受到对其公信力的质疑。

因此，新闻业应当通过正面宣传工作为新媒介树立积极的舆论形象，使媒介在融合的过程中新媒体与传统媒体能够相互磨合、共同引领新闻舆论导向。

在这一过程中，我们尤其应该重视网络媒体新闻信息的真实度。一直以来，网络媒体的公信力偏低是不争的事实。"融合新闻"只有保证新闻的可信性，才能增加融合媒介的公信力。如果在媒介组织中设置采纳新闻信息的核查制度，就能够大幅减少网络假新闻信息带来的不良影响。

针对上述所提及的"融合新闻"在发展中所面临的挑战与困境，本节提出以下几方面的对策：

第一，应当尽快通过完善制度来促进新闻业各媒介组织之间的融合。从本质上来说，之所以新闻业需要进行媒介组织融合，其主要原因是为了满足人们对新闻信息的规模化以及差异化要求。此外，人们不仅主观需要及时掌握一手新闻资讯，科技网络的迅速发展也使得传统新闻传播模式无法再满足社会文明进步，因而媒介融合就成为必然趋势。为了能够促使各媒介之间和谐稳健的合作发展，就需要借助相关的规章制度。这里所提出的规章制度不仅仅局限于媒体企业内部，更是指有关政府部门的政策制定过程。由于新闻工作是为服务社会而设，适当的新闻信息引导以及舆论指引往往能够协助政府部门解决很多社会问题，因而政府应当从制度政策上给予新闻业发展以支持。从媒介融合发展过程来看，政府一方面可以通过相应的制度政策来鼓励社会成员参与到新闻活动之中，从而增加媒介终端的信息数量；另一方面，政府应当给予媒体终端发展一定的资金支持，通过提升技术设备的性能既使资源信息开发共享更加便利，也可通过鼓励政策来推动社会范围内的媒体技术创新。

第二，"融合新闻"在发展进程中应当借助科学化的媒介管理，从而进一步进行媒介定位。由于媒介工具本身的多样性，以及新闻信息的多样化发展，因而只有在正式发展"融合新闻"之前完成媒介定位操作，才能够最大限度地发挥不同媒介的不同新闻影响力。例如，为了能够实现"融合新闻"的高效性，当突发事件发生时，新闻单位就应当及时成立赶赴事发现场的报道小组，而他们在现场所收集的实际信息就是进行后续新闻编辑的一手资源。但是这类报道小组并不单一性地属于电视媒介内部组织或者报刊媒介内部组织，而是由新闻单位统一管理，现场带回来的视频、音频、文字等资料再交托给不同的媒介进行区别化编辑。这个区别化编辑的过程就是展现不同媒介不同新闻定位的过程，网络媒介一般更偏重视频剪辑，往往强调在第一时间将编辑完成的事件视频发到网络上进行公布，而报刊媒介则更关注从各类资料中提炼主要信息，通过专业的新闻写作者进行语言组织后再排版出刊。这样，融合后的媒介能以网络的广度、报纸的深度、手机的速度以及其他媒介形式的特色，搭建起更好、更新的传媒平台。在新的平台上，新闻信息能够更好地被发布、被吸收，来达到"融合"的目的。

第三，新闻媒体应当借助品牌塑造来提升其社会公信力。几乎对每一种市场产品来说，品牌对建立其市场竞争力以及公信力都有重要影响，对新闻媒体来说亦是如此，不同媒介之间所存在的竞争往往都是其媒介品牌之间的竞争。以传统媒介来说，其品牌公信力往往取决于其成立时间，由于通过了时间的检验与筛选，因而在社会公众当中颇具权威性。对新媒体而言，要想在短时间内树立起媒介品牌并树立核心竞争力，就需要借助于深刻的宣传推广工作。以新浪、搜狐等网络新闻平台为例，为了能够树立起媒介品牌，纷纷推出新浪微博、搜狐视频等非完全新闻类平台，事先吸引民众关注，而后逐渐发展成为权威以及公信力较强的新闻媒介平台。同时，媒介组织可以尝试以旧带新地推出并建立新的品牌，扩大其媒介平台的涉及范围。

社会科技发展、经济文明进步以及国际竞争压力都迫使新闻业不得不进行媒介融合的革新之举，而目前"融合新闻"作为媒介在融合过程中的主要产物，完善相应制度、科学化媒介管理以及树立媒介品牌等，都是推动形成"融合新闻"发展的主要方向。在媒介融合以及"融合新闻"的实践发展过程中，新的挑战总是伴随着新的契机，只有跟随社会发展脚步，以服务为宗旨，才能保障"融合新闻"朝着成熟完善的方向发展。

第六章 新媒体与传统媒体融合发展路径

第一节 媒体融合转型的顶层设计

一、指导思想和原则

坚持解放思想。要充分认识到媒体融合这场自我革命不容回避，要敢于破除"等要靠拖"等守旧心态和畏难思想，在优化媒体结构、创新体制机制上下功夫，探索符合融媒体运行特点和规律的新模式，紧紧抓住媒体改革最后"窗口期"，辟径开路，打造有影响力、有竞争力的新型主流媒体。

坚持省、市、县委"一把手"工程。媒体融合工程不仅仅是新闻单位的事，更是全国省、市、县委领导履行意识形态"一把手"工程的要求，如天津河海传媒融合建设履行市委"一把手"亲自抓，只有选对各执行层级"一把手"的地方，才能真正协调、连通、汇聚各方资源，才能真正创造性落实各项改革攻坚任务，融媒体建设才能顺利实施，取得显著成效。

坚持体制机制创新，建立紧密型、融媒体、集约化的媒体管理运行架构，由中心党委对所有重要新闻舆论阵地实行集中统一领导，对所有媒体宣传资源、经营资产实行统一指挥调配，促进内容创新、技术创新、业态创新，创新薪酬激励、绩效管理体系，激发从业人员转型发展的积极性，激发媒体发展的活力。

坚持大破大立。必须坚持整合资源、调整结构、打破旧有组织模式，建立适应时代要求的组织架构；采编力量发挥优势，转移阵地，重开战场；优化调整媒体结构、主动调整失去受众的传统媒体；整合经营资源，全面清理无关主业项目、亏损严重的经营性公司。

坚持平稳过渡。媒体深度融合，关键是人的融合。要注重举措创新、方法务实。涉及机构调整的，一步到位，不留"尾巴"，确保"瘦身健体"、轻装上阵；涉及干部职工切身利益的，坚持稳妥操作，精心处理。根据实际情况，针对不同群体制订不同的解决方案，分步实施，讲人情合规矩。

二、改革思路和方法

①整体合并；②一体化运行；③单位定位；④发展和经营范围；⑤总体构架和内设机构；⑥人事制度改革；⑦薪酬改革。

三、机构整合与人事制度

深化人事制度改革，完善聘用制度、岗位管理制度，实现定岗定责、同工同酬。从实际情况出发，建立健全产权清晰、权责明确、政企分开、管理科学的现代企业制度。总体原则为党委会领导，董事会决策，监事会监督，执行层执行。

四、薪酬制度和运营机制

实施原则：遵循"同工同酬、绩效考核"的思路，体现按劳分配、多劳多得，绩效挂钩、兼顾公平、奖惩分明、宽严有度的原则，所有人员按照岗位职责轻重、专业要求、工作强度、工作质量确定岗位薪酬，体现按劳分配原则；实行"基础工资＋绩效工资"的分配模式，突出绩效考核，兼顾公平，合理拉开分配档次，实现多劳多得。

五、深度融合重点问题

1. 建议出台相关资金扶持政策

媒体融合工程投资巨大，仅靠传统媒体筹资压力过大，也难以获得显著成效。可借鉴外省做法，通过财政专项扶持资金、国有资本投入等途径，加大对重点项目的支持力度。地方党委每年给予一定补贴，并在中心／集团成立运营之日起，5年内免缴国有资产收益。例如，探索设立媒体融合发展专项资金，现有的文化产业发展专项资金等可向媒体融合重大传播平台、重点项目适当倾斜。

2. 建议出台相关扶持政策

建议市委加强对媒体融合的宏观指导、对重点项目的规划与设计。由市委主导打破行业、地域以及政府间数据壁垒，争取部门的公开信息、数据等媒体合作资源，优先提供给媒体融合发展项目。在政策优惠、产业扶持、知识产权等方面加大扶持力度。

3. 原单位刊号、呼号继续保留

中心 / 传媒集团成立后，保留全国省、市、县日报社和全国省、市、县广播电视台原有级别的事业单位。保留相关刊号、呼号、网站执照，以确保报纸年检、频道审核和归口管理的顺畅衔接。

4. 解决人员编制中的一些遗留问题

解决在全国省、市、县日报社和全国省、市、县电视台内部一些尚未明确的问题，如核定编制数等。

5. 做好事业编制人员妥善安置和过渡

按照"老人老办法"的原则，保障七个方面按照事业单位相关政策执行不受影响，即事业身份不受影响，档案工资不受影响，职务晋升不受影响，职称评聘不受影响，工作调动不受影响，社会保险不受影响，退休不受影响。

六、深度融合设计建议

为了使这项重大改革能够顺利进行下去，为了让全国省、市、县的媒体融合能够再上一个新的台阶，促使改革转型能够产生更大社会效益和经济效益，提升媒体自身的造血能力，我们十分有必要借助媒体融合顶层设计的专业团队力量，来共同完成这个伟大的使命和任务，我们需要有丰富经验的实战派人员，既懂新闻采编，又懂媒体经营，还懂前沿传播技术的专业团队，来共同完成全国省、市、县新闻中心解决方案的整体项目设计，尽最大可能避免改不下去怎么办、融合不到位怎么办、媒体经济发展怎么办等问题的出现，从一开始顶层设计时就考虑周全，确保全国省、市、县的媒体改革转型能够圆满成功落地。

七、深度融合风险评估

任何一项改革都是一个破旧立新的过程，都会遇到困难、挫折，甚至会付出一定的成本和代价。综观全国各地尤其是一些先行一步的地区媒体融合转型，可以看到，其中既有宁夏、绍兴、天津等地的成功典型，也有外地媒体的失败案例。对改革失败的情况，需要未雨绸缪，从原因、办法等方面深度分析考虑，做足思想准备，做好风险评估，做细预警防范，做好提前量，打好主动仗。

第二节　媒体融合转型的战略定位

一、总体目标

让主流媒体平台实现渠道下沉和资源聚合，从而聚集起海量用户，构建起新型媒体平台。这个平台便是包括融媒体中心在内的县级传播体系，其功能定位则是要打造成治国理政新平台和服务群众新平台。

要打造好这两大平台，则需要从以下八个方面下足功夫：

①始终坚持正确的政治方向。

②牢牢把握"融合发展"关键词。

③坚持技术创新驱动。

④始终坚守"内容为王"。

⑤积极推进体制机制创新。

⑥重视人才队伍建设。

⑦切实加强组织领导。

⑧坚持以人民为中心的工作导向。

在平台的具体打造过程中，必须重点把握好三个方面：

1. 整合资源，打破"数据孤岛"

融媒体中心的建设是一个战略性和基础性的工作，要把互联网时代宣传的触角真正地沉下去，首先要做好整合文章。如今，绝大多数群众的手机正在被商业类网站、客户端"霸屏"，传统报纸、电视等传统媒体的影响力式微，基础宣传文化的阵地不仅"水土流失"严重，也影响了党的声音在基层的传播效果。整合传统媒体资源，重新占领基层宣传阵地，是当务之急。

2. 移动优先，面向移动端做增量

移动优先，一方面，要优先建设好移动媒体，重点打造好一个载体多样、渠道丰富、覆盖广泛的移动传播矩阵。主流媒体的优势显而易见，如专业的采编优势、信息资源的优势、媒体品牌的优势等，关键是要强化用户意识，优化使用体验，实现精准推送，最大限度地吸引用户；另一方面，要优先创新移动新闻产品。移动互联网时代，一般性信息铺天盖地，但思想深刻、权威准确、对用户具有"定心丸"价值的优质内容依然稀缺。传统主流媒体正可以大显身手，发挥自身优势，实现华丽转身，成为新型的主流媒体。这就要坚守做好内容的初心，坚持"内容为王"，专注传播的内容质量，不断创新推出更多更有价值的移动新闻产品。例如，动画、H5、短视频、直播等当前广受群众特别是青少年欢迎。融合转型中的主流媒体要大胆解放思想，主动进场，利用移动传播技术，提高短视频生产和传播能力，开展可视化传播，主题宣传、形势宣传、成就宣传中，制作并推出更多群众喜爱、刷屏热传的精品。

3. 立足本土，发挥天然优势

融媒体中心距乡村最近，带着泥土芬芳，是最基层的主流媒体，其最大的优势就是贴近基层用户。用户在哪里，融合传播就延伸到哪里，引领服务就跟随到哪里。因此，融媒体中心应该成为县域新闻报道和舆论引导的主要力量，成为向本地人民群众提供以政务服务为核心的，包括各种本土化服务和公用事业服务及生活服务的平台，以此来体现其服务群众的功能。

在融媒体中心的建设中，要尽可能理顺内部外部关系，聚合社会资源，发挥立足本地、接近用户的优势。在功能定位上，要以本地用户为主体，突出"新闻＋政务＋服务"，尤其要在丰富服务功能上加强设计，紧密结合当地经济社会发展实际，把握群众实际需求，以服务本地群众为重要目标发挥融媒体的具体服务功能。

二、具体目标

1. 建好主流舆论阵地

在实际推进过程中，需立足基层、高点定位，从顶层设计、内容供给、能力创新、人才支撑、产业保障等方面多点发力，全面推进区域新闻机构、传媒资源和传播平台的优化融合，提升区域融媒体中心的内容生产能力、综合服务能力和可持续发展能力，提高区域媒体传播力、引导力、影响力，从而巩固党在基层的主流思想舆论阵地。

（1）提高站位，加强顶层设计

不谋全局者，不足以谋一域。融媒体中心建设应以地方区域为主体，充分发挥各市区县的主观能动性。

（2）深度融合，深化内容供给侧改革

媒体融合与时俱进，不断变化的是媒体传播不断推陈出新的形式，"内容为王"是永恒不变的主题。

（3）创新理念，充分运用互联网传播技术

融媒体中心需着力克服上述弊端，打破观念固化和思维惯性，进一步解放思想，加快树立以用户为中心的发展理念，树立创新导向，积极依托新传播技术应用，实现移动优先。建立容错纠错机制，鼓励各媒体平台和新闻从业者立足实际，创新新闻传播业态，建设新型新闻采编流程，拓宽新闻传播渠道，激发媒体发展活力。改变融媒体中心是单一的新型媒体机构的认识，充分运用"互联网 +"思维盘活区域社会资源，通过各项垂直应用的渗透和各类便民服务的聚合，精准定位用户，积累用户数据，加强个性服务，为区域人民群众提供精准化、"一站式"、高效率的综合信息服务。同时，通过提供政务服务及其他公共服务，有效聚合受众，提高用户黏性，从而为做好新闻舆论工作提供有力支持。

（4）建强团队，打造融媒铁军

对融媒体中心来说，要想有所突破、实现可持续发展，就必须培养打造一批高素质的采编、技术、运营团队。融媒体中心成立之前，各媒体平台都有一支成熟的采编和运营队伍，他们在新闻实践上有着丰富的经验。融媒体中心成立后要善待、善用这些宝贵的人才资源，加强理论学习教育和业务技能培训，提升互联网思维和综合媒介素养。同时，加大人才招引力度，精心选拔培养一批懂技术懂新闻的新型复合人才，打造"既专又能、一体多用"的全媒体新闻团队。将人才队伍建设和素质培养提升纳入融媒体中心建设发展的整体规划中，完善资源配置、搞活用人机制、完善福利待遇，更好地发挥人才能动性，形成高效良性循环的工作机制和工作环境。总体来说，融媒体中心需要的团队应该是思想政治素质高、社会责任心强、业务能力过硬、吃苦精神突出、奉献精神较好的一专多能和全能型团队，是一支拉得起、信得过、叫得响的传媒"铁军"。

（5）多元拓展，增强自我造血机能

融媒体中心在坚持正确的政治方向、舆论导向、价值取向，坚守社会责任，将社会效益放在首位的同时，也可以积极借助自身在区域内的影响力、公信力优势，通过实施"媒体+""互联网+"等战略，积极整合各方资源，打造综合服务主体，拓展多元多样产业经营，不断扩大利润来源，进而支持、反哺新闻主业。要善于发挥原有传统媒体品牌效应和自身比较优势，通过提供公共产品和服务积极扩大用户规模，在此法基础上不断拓展延伸产业链，面向社会提供广告制作、网页专题制作、服务器空间租赁、平台建设推广、技术支持等多方面增值服务，同时通过合办会展活动、吸收赞助、软文推广等方式拓展经营收入，增强自我"造血"机能，从而为持续健康发展提供基础支持。另外，地方党委政府也要从巩固壮大主流舆论阵地、推动高质量文化建设的高度出发，通过财政专项资金安排等途径，加大对区域融媒体中心建设发展的资金投入力度，为融媒体中心轻装上阵、做强主业解决后顾之忧。

2. 建好综合服务平台

当前，在融媒体中心平台的建设过程中，都有一个统一的指挥调度和分发平台，主要包括"中央厨房"移动采编系统、移动资讯平台（客户端）、云端储存平台等，从而实现"记者一次采集信息、厨房多种生成产品、渠道多元传播给用户"的全媒体形态的内容生产与发布。所有的发布平台，除了承担为用户提供新闻资讯的功能，还应发挥其更大的实用价值，那便是政务服务功能。

从实际操作层面看，融媒体中心要建设一个功能完善、实用有效、方便群众的综合信息服务平台，需要通过开发"新闻+政务""新闻+服务""新闻+文创"等多种功能，最终聚合成为强大的综合服务平台。在此过程中，融媒体中心本身可以不提供服务，只提供线上平台，让服务提供方入驻。例如，在移动端，可以表现为开发各类融媒体小程序，入驻融媒体移动客户端，然后连接服务提供方与服务消费方。

"新闻+服务"理念的普及，也让融媒体中心的 App 变得活跃起来，一切政府资源和一切百姓刚需资源，所有与服务相关、与生活相关的资源，都可以通过融媒体手段整合呈现在这里。这种融媒客户端不仅是本区域内新闻资讯的集散地，还能提供区域内生活、教育、医疗、交通等便民服务，在形成分众传播、分类覆盖格局的同时，形成了强大的用户黏性。

3. 建好社区信息枢纽

社区治理作为融媒体建设服务人民群众的落脚点，不仅能够实现政府与民众的有效互动，集聚人气和无穷的发展动力，也有利于掌握舆论主动权，达到提升社会治理创新的效果。

对一个区域来讲，信息来源和出口比较繁多，无论是社区信息、百姓诉求、敏感信息、舆情信息、网格监控还是各种县域突发信息，信息出口包含自助发布、宣传创作、动态派遣处置、内参建议等，而融媒体中心要做的是，为这些信息提供各种平台支撑，突出"枢纽"的本质，让信息能够汇聚进来，并且疏导到相应的出口。

要想把融媒体中心建设成社区信息枢纽，就既要将地理社区与网络社区结合在一起，也需要很大的网络用户积累和运营能力。目前来看，只有通过与互联网平台深度合作，有效运用"互联网+"的思维和技术，才有可能实现。

"互联网+"，其实就是将各种各样的垂直服务通过互联网手段落到实处，这就会使得互联网新技术变成一种县域经济社会发展的新动能，实现互联网技术下沉，来拉动区域经济发展。因此，在融媒体中心打造的过程中，首先要树立起"互联网+"思维，健全科学工作机制，其次要充分认识到数据化的"互联网+"思维、科学化的工作运行机制，这是社区治理服务信息化和智慧型治理顺利推进的前提。

三、具体举措

1. 打造本地新闻信息资讯平台

媒体融合转型既是新形势下主流媒体占领舆论阵地的必然选择，也是自身发展的迫切需要。然而，无论怎么"融"、如何"转"，主流媒体为用户提供新闻信息资讯的优势依然无可替代。因而，融媒体中心最主要且最首要的功能，便是提供最权威、最丰富的本地新闻信息资讯。这就要求融媒体中心牢牢坚守主流价值之"魂"，并充分融入重大主题报道、舆论引导、媒体融合、内容创新、队伍建设等内容，有效发挥思想引领、宣传鼓劲、服务大局的作用，通过传播主流价值，提升主流地位。

2. 打造本地公共服务嵌入平台

在媒体融合转型的大背景下，融媒体中心建设已经被提升到"治国理政"的宏观高度，并逐步下沉、落地。发展融媒体中心，根本宗旨还是以实际行动践行"以人民为中心"的发展思想。作为最接地气、最沾泥土、最知民亲民的党的舆论宣传和公共服务平台网络，融媒体中心生存和发展的动力及源泉都在于服务好一方群众。因此，对本地用户而言，融媒体中心必须是一个集多种功能于一体的窗口，它不仅仅是新闻传播的主阵地，更是一个具备较强服务能力的嵌入式公共服务大平台。

3. 打造本地社区社交互动平台

对融媒体中心而言，满足用户的体验感也是非常重要的一环，"互动"在这一过程中起到了至关重要的作用，即媒体和用户之间要形成一种可以沟通的关系。只有互动和沟通，用户和媒体之间才会产生黏性。

（1）扮演好"社区媒体"角色

要加强与用户之间的互动，前提是有一定量可供讨论与交流的话题。这些话题必须是与用户贴得最近、"同声相应，同气相求"的事件，而立足本土，正是融媒体中心的核心优势所在。因此，融媒体中心要积极吸收以往社区媒体的成功经验，"眼睛向下看"，发挥接近用户的优势，关注本地社会，俯下身去与社区居民交流，以"小人物、小切口"来考察社会大问题，从而提供比其他传媒平台范围更加宽广，更能引出话题的基层新闻。

（2）创新传播形式

一个平台内的互动可分两层看待，一层是平台与用户的互动，另一层是用户之间的互动。在融媒体中心上线初期，当社区内容缺乏时，可能需要通过平台与用户之间的互动，不断鼓励用户贡献内容；在后期，就可以考虑适度借力商业平台传播技术和渠道，利用微博、微信公众号等新媒体，吸引用户参与内容制作和传播，刺激内容的流动，从而实现用户之间的良性持久的互动，确保整体平台的互动性。例如，融媒体中心可以针对当下热门话题进行内容策划，通过新媒体平台，发布数据分析、小测验、投票、视频等形式新颖的互动内容。提高用户参与度，还能评估用户对新闻主题的反应，而这种方式也能让主流媒体在"硬"新闻和"软"新闻之间找到一种平衡，赋予主流媒体更多活力与张力。

4. 打造本地视（音）频播报平台

随着移动互联网的迅猛发展与5G时代的降临，媒体的信息传播形式与用户的接受方式正在发生急剧变化。视（音）频毫无疑问成为时代最重要的一种信息传播方式，它为媒体融合时代传统媒体的转型升级提供了方向。

短视频具有符合最短时效的视听观感和最大限度满足移动用户随时获取新闻需求的特点。它不仅实现了新闻的移动可视性，而且拓展了用户的休闲方式，还成为融媒体中心发力的方向和主要抓手。花大力气探索的视（音）频的制作、发布，其最终目的还是讲好县域中心故事、发展故事、人文故事，提升县域品牌形象。

特别是当下，短视（音）频先行，已经成为中央媒体以党和国家出台重大政策、开展重大活动和纪念重大节庆日为节点，组织策划重大主题宣传的"新常态"。早在2018年初的全国"两会"期间，短视频就成为媒体的"新宠"。

5. 打造本地舆情监测服务平台

未来，舆情研究与服务，将在很大程度上成为县级媒体融合的重要内容与方向。具体而言，它将立足本土，对本地民生信息进行全面的监测研判，助力政府治理；能强化风险评估，实现对舆情的科学预警；能协助各类政务媒体账号的运营与维护，做好互动服务；能建立起强有力的统一渠道，团结活跃本地域网民；能着眼政府形象的树立，加强对正面舆论的持续引导等。

众所周知，"舆情"的发酵往往源自一篇微博、一个帖子，甚至朋友圈的一张截图。而处于信息不对称劣势的百姓，见到诸如"珍珠奶茶里的珍珠原料其实是塑料"等吸引眼球的标题，一时间很难去判断信息的虚实真伪。此时，融媒体中心要做的就是让舆情触角下沉，从源头控制住舆情蔓延，让百姓的不安在第一时间消失在萌芽状态，要做到及时研判、提供预警、正确引导，为当地政府应对网络舆情提供有力保障。

另外，借助融媒体中心的网络技术平台，宣传部门和网信部门还可以以数据管理研判潜在风险，如针对区域拆迁、食品安全、安全生产等领域，对全区经济社会发展趋势及舆情风险定期进行评估与预判，制定有效解决措施及预案，从而维护国家政治安全、文化安全、意识形态安全。依法加强网络空间治理，加强网络内容建设，做强网上正面宣传，培育积极健康、向上向善的网络文化，这也正是融媒体中心建设的重要目标。融媒体中心通过强化网络治理属地责任，可以有效打击不良信息、虚假信息、网络谣言的传播，推动正面宣传力量向网上聚集、在网上发声，巩固全党全国人民团结奋斗的共同思想基础。

6. 打造本地网络问政资政平台

按照"新闻＋政务"的思路，县级融媒体平台要全面整合各类政务信息发布，畅通网络问政渠道，及时收集整理本地群众在环境卫生、生态环保、教育医疗等方面的现实诉求，促进网民与党委政府的互动交流。要充分整合全媒体力量，依托各媒体端口，全力打造一个由报纸、网络、广播、电视和新媒体端口组成的"多位一体"互通互动问政的新平台，有效解决党委政府在履职尽责和作风建设方面存在的突出问题。特别是在移动客户端，要设置好最新诉求、问政问复、留言互动等若干专区，采取定期汇总的形式曝光群众投诉的"不作为、慢作为、乱作为"问题，并及时公布政府部门办理结果情况回复。同时，构建起网络问政问题跟踪督办问责机制，设置网络问政回复率、满意率"排行榜"，对回复不及时、整改不到位、群众满意率不高的问政问题，及时点名通报曝光；对典型问题、群众反响强烈问题、相关部门迟迟不予解决等问题，及时启动追责问责程序，以问责倒逼责任落地。

"网络问政"的最终目的是帮助老百姓解决问题，提高网民诉求应对的及时性和有效性，加大督察问责力度，推动解决百姓身边的揪心事、闹心事，切实将矛盾化解在基层。诚然，主流媒体在打造网络问政资政平台的过程中，只有以"信任"为纽带，做好网民和各级政府部门两个群体都信赖的平台，才能真正推进社会治理。

7. 打造本地增值服务运营平台

融媒体中心除具有政治属性和公共服务属性之外，在一定的条件下也可以具有商业属性，即提供本地增值服务，在做大做强主业的同时，拓展媒体服务和营收能力，从而更好地反哺主业。

增值服务功能就是为本地区用户提供各类增值服务，如广告、电商及其他增值服务类业务，当然也可以添加一些具有本地特色的产业和服务，并实现一定的营收。

（1）整合地方政务新媒体

无论是省级媒体还是地市级媒体，运营当地的政务新媒体作为增量业务已经成为不少地方通行的做法，融媒体中心也不例外。

（2）开展下沉式融媒活动

洞察当地用户的需求，深耕本地活动，以活动带动营收。例如，江苏邳州融媒体中心以各种营销活动为切入点，整合电视、广播、报纸、新媒体等各平台资源，提供线上线下的策划、创意、推广、执行等专业服务，间接带动或直接参与产品销售，助力客户树立品牌形象，打开更大市场。融媒体中心在建设过程中可面向市场探索多元经营活动，例如，开展会展、庆典等策划活动，乡村文化旅游等咨询活动，探索更多的盈利模式，提升融媒体中心的自我造血能力。

（3）以技术专长创新增值服务

媒体融合事业的长期、稳定发展有赖于新媒体商业模式的创新，以及由此带来的产业资源整合、技术创新、产品创新和服务创新。因而，融媒体的服务可以围绕人们的商品需求、消费行为、人格特质等层面，使消费者高效地接受服务，更好地发挥融媒体中心的公信力。

（4）延伸"媒体＋"产业链

扎根本土的融媒体中心，凭借其公信力背书，可进一步强化延伸服务。可立足本土名优产品和文化产业，将地方名优产品互联网营销合作作为突破口，进一步提高融媒体中心的影响力，同时为全县经济发展增加动力。

媒体与各领域的跨界融合在不断深入。近年来，各级主流媒体纷纷打造"媒体＋教育""媒体＋医疗""媒体＋房产""媒体＋文创"等产业，以提高融媒体的生命力。通过积极搭建活动运营板块，保证活动平台内容的多元化，提高信息的适配性。

当然，融媒体中心在提供更多增值服务时，既以当地的经济发展水平为参考依据，也要依靠党委和政府的资源优势。例如，山西上党区政府出台县域范围内户外广告管理办法，授权该区融媒体中心代表政府对资产进行独家经营；尤溪融媒体中心紧紧依靠党委和政府，将县域内的户外广告发布权都归到融媒体中心，这一项为融媒体中心带来了丰厚的收入。

8.打造本地大数据智库服务平台

基于数据资源的共建共享，实现转型融合的主流媒体能为当地政府搭建起一个大数据智库平台，在数据资源获取、专家库建立、成果展示与宣传方面发挥了重要作用。

9. 打造本地文明实践中心线上平台

主流媒体要做的就是打造本地文明实践中心的线上平台，要精准对接群众，把线上和线下工作结合起来，把解决群众线上问题和实质问题结合起来，以志愿服务为抓手调动各方力量，以资源整合为重点打造工作平台，以群众需求为导向创新方法，着力打造政策理论宣讲平台、教育服务平台、文化服务平台、科技与科普服务平台、健康促进与体育服务平台"五大平台"。组建文明实践志愿服务队，广泛开展科学理论、党的方针政策、核心价值观、群众文化、新风良俗、体育指导、医疗保健、社会治理等文明实践活动，活跃城乡文化生活，不断满足基层群众对精神文化的需求，真正帮助老百姓办好事，让老百姓得实惠，进而不断提升主流媒体在地方上的传播力、影响力、引导力和公信力。

因而，主流媒体在融合转型的过程中应全力整合现有的基层公共服务阵地资源，搭建起政策理论宣讲平台、教育服务平台、文化服务平台、科技与科普服务平台、健康促进与体育服务平台等"五大平台"，因地制宜开展经常性、面对面、基层群众喜闻乐见的文明实践活动，大力培育和践行社会主义核心价值观，用中国特色社会主义文化、社会主义思想道德牢牢占领基层群众思想文化阵地，动员和激励广大群众积极投身社会主义现代化建设。

第三节　媒体融合转型的流程再造

一、融媒体采编流程的设计原则

（1）融媒体时代彻底打破了先前的介质割裂局面，融媒体中心要进行多介质运作，即同时生产文字、图片、视频、音频等多样的新闻产品。新闻生产必须统一指挥，统一把关，滚动采集，滚动发布，多元呈现，多媒传播。

（2）内容来源的多元化是融媒体时代的重要特征。新技术带来的一个重要变革就是 UGC 的大量产生，新技术使得人人皆可成为信息的生产者、传播者，用户生成的内容不但可以成为媒体内容的一部分，受众还能多路径地反馈信息，评价并影响媒体机构的新闻生产。融媒体中心的采编流程应是全员进入，全天候运作，联合策划、互通人力、共享产品、同办活动。

（3）融媒体时代的竞争将是全方位的竞争，体现在产品创新、渠道开拓、用户管理、形象管理等多个方面。融媒体中心要建立"中央厨房"编前会制度，传统媒体（纸媒、广播、电视）与各新媒体编辑团队和采访、摄影、视频、音频、设计、技术、运营团队负责人坐在一起开编前会，各团队直接对接。

（4）新闻产品的投放除了"跨介质"（广播、电视、纸媒、网络、手机）传播，还将"跨平台"传播（有线平台、卫星平台、无线平台）。融媒体中心要打通各端口技术后台，打造各端口"统一交稿、统一审稿、统一发稿、统一考核"的技术分发平台。打破端口壁垒，实现"稿源共享、产品互通"。

二、融媒体终端定位和发布顺序

1.融媒体终端定位

（1）纸媒：主流、权威、深度。目标人群为党政干部、高级白领、30岁以上的普通市民读者。

（2）电视：直观、形象、生动。电视是重要的宣传思想文化阵地，目标人群为50岁以上的普通市民。

（3）网站：即时、滚动，以即时新闻和视频、音频、图片内容为主。目标人群为白领、网民。

（4）官方微博：即时、本地、特色。目标人群为对"互动"有需求的年轻本地受众。每天7：30—22：30持续更新，对突发公共事件采取即时发布。

（5）微信公众号：深度、原创、好看。以本地新闻带动阅读。目标人群为18~45岁本地受众。每天固定时间推送一至三次。

（6）App客户端：便民、快捷、服务。目标人群为25~45岁的智能手机用户。本地新闻资讯以视音频图文形式发布和推送，除消息的快速传播外，还致力于新闻资讯、政务服务、公共服务、民生服务、文化娱乐、旅游购物等集综合性、服务性、便捷性为一体的"一掌打尽"的大型移动平台，促成用户的消费行为的产生。

（7）电台（广播）：服务、资讯、娱乐。目标人群为有车一族的社会精英（没有很多时间去刷微博微信等）。即时新闻可以采用广播连线实时播报和整点播报。平时节目时间为6：30—23：30。

（8）政府发布（微信、微博）：地方最权威的官方消息来源，政策及重大事件热点问题的及时发布。目标人群为关注地方的主流人士。每天8：00—20：00持续发布，对突发公共事件的解读采取即时发布。

（9）抖音号等第三方平台：原创、爆款、公益。视频以其直观、生动的优点，相比文字更具传播力。随着移动智能终端与5G网络的普及，移动用户利用碎片化时间观看视频，甚至使其可以跨屏连续观看视频的需求得到了满足，移动用户使用移动视频应用的使用时效大幅提高，视频在新闻信息传播中的地位越来越重要。

2.融媒体发布顺序

融媒体发布遵循24小时全天候发布机制。记者采集的内容经过二次加工和二次编辑，按照传播速度的快慢，通过各大平台逐级发布、传播，满足不同受众的多元信息诉求。

融媒体遵循以下发布顺序：

（1）第一层级：移动端（微博、App等）。

（2）第二层级：广播连线。

（3）第三层级：网站。

（4）第四层级：微信。

（5）第五层级：电视。

（6）第六层级：报纸。

三、"中央厨房"指挥中心的运行机制

1.新闻信息来源

（1）指令型

由总编室负责接收地方党委办、政府办、宣传部下发的主要领导活动安排、地方重大活动计划，分送采集部、编发部，根据编委会要求组织报道选题策划。采访部门根据实际安排记者（团队）采访。遇到突发事件时，启动应急响应机制组织记者（团队）采访。

（2）自主型

由编辑、记者根据中心宣传要点和分工自主安排的采访；根据通信员爆料，与通信员合作完成的采访。

（3）投稿型

UGC 即用户贡献内容，是融媒体时代新闻的重要组成部分，越来越多的内容来自 UGC：论坛、博客、社区、电子商务、视频分享。投稿型新闻信息包括通信员来稿。

（4）软文型

由编辑、记者根据客户需求自主采写的软文类信息，广告客户提供的广告类新闻信息。

2. 新闻信息提交

新闻信息以文字、图片、音频、视频分类，由记者、编辑通过内部办公网络向"中央厨房"稿库提交。

3. 新闻信息分发

当天提交的所有稿件汇集至"交互式指挥系统"后，由值班总编牵头组成的"评估中心"对新闻素材做出价值判断和去向判断，并在审核后第一时间签批至各媒体，保证一件新闻产品的复次、多介质、全方位传播。重要稿件（如评论员文章、舆论监督稿件等）须提交总编辑审核签发。

4. 新闻信息取用

编发部各媒体编辑在办公网"采编稿库"中，依据媒体特点，选用已批稿件进行编辑组版，围绕信息制作形成共享组织模式。

5. 新闻信息发布

各媒体所有新闻产品由值班总编辑终审后，在各媒体予以发布，作为信息联合体的相关媒体互动。

6. 新闻产品抵达用户后的反馈

将受众看作用户来管理，来自用户（UGC 用户贡献内容）的上浮与优化。形成新闻推送模式，用短信预告新闻事件的发生，并发动受众及时补充在场所见所闻等。

四、"中央厨房"指挥中心的工作流程

1. 融媒体采编运行原则

采编融合：不管采集中心与编辑中心是一个部门，还是分成两个部门，所有平台的新闻记者都要统一在一个部门成为全媒体记者，所有平台的新闻编辑都应该统一在一个新闻编辑部，记者和编辑都要在融媒体中心内无缝对接。

全媒体采访：各平台记者统一为全媒体记者，不管是团队出去采访还是一个人出去采访，都要向全媒体供稿。

移动首发：坚持移动优先原则，融媒体中心新闻发布顺序是客户端首发，然后是微博和微信发布。除直播外，新闻网站和网络电视是当天发布，报纸是第二天发布。

2. 融媒体采编工作机制

（1）各平台、各媒体收集新闻线索上报融媒体指挥中心。这些新闻线索主要包括指令型新闻（地方党委办、政府办、宣传部下发的主要领导活动安排、地方重大活动计划）、策划性新闻（指挥中心策划的新闻报道）、自主型新闻（由编辑、记者根据中心宣传要点和分工自主安排的采访）、爆料性新闻（由市民或者通信员爆料的新闻）、投稿型新闻（UGC即用户贡献内容，是融媒体时代新闻的重要组成部分，越来越多的内容来自UGC：论坛、博客、社区、电子商务、视频分享。投稿型新闻信息包括通讯员来稿）、软文型新闻（由编辑、记者根据客户需求自主采写的软文类信息，广告客户提供的广告类新闻信息）等。

（2）指挥中心根据新闻线索，确定报道重点、报道发布平台，确定指派记者数量等。指挥中心的运作模式有两种，一种是每天下午召集相关人员召开编前会，明确次日要采写重点打造的主题策划；另一种是随时根据新闻线索确定报道重点、确定发布平台和形式等。例如，针对指令型时政新闻，指挥中心可能在前一天晚上就需要确定好报道重点、发布平台，以方便当晚就发出记者采访派工表。所以指挥中心值班主任必须由融媒体中心新闻权威并具有新媒体经验的人来担当。

（3）记者根据指令，单兵采写，或者组团采写相关报道，并及时把内容上交到融媒体内容管理系统（稿库）。

（4）各平台编辑根据记者采写发到稿库的报道，要么进行编辑（针对非记者采写型报道，要么根据指挥中心的指令直接对素材进行编辑，或者在收到相关 UGC 内容后立即上报指挥中心，得到可编辑指令后及时编辑）。

（5）各平台编辑后，再根据审核流程，由相关主任（一般是指挥中心值班主任）终审后进行发布。

（6）各平台的报道发布后，各项数据如阅读量、评论内容、收听收看率等应该第一时间通过融媒体内容管理系统反馈给指挥中心。

五、融媒体中心的矩阵建设

地方融媒体中心矩阵建设以引导本地群众、服务本地群众为目标。

地方融媒体中心矩阵的建设原则是，坚持移动优先原则和"媒体＋"原则，打造媒体矩阵、政务矩阵、服务矩阵这三大矩阵，具体打造报纸、广播、电视、网站、微博、微信、客户端、政务发布、网络问政、舆情监测、文明实践中心线上平台等媒体及相关终端平台。

地方媒体基础相对较弱，在平台建设方面不能一拥而上搞"高大全"，而是要"少而精"，建议地方融媒体中心集中精力逐步实施"四四平台"建设计划，一步步重点打造四个媒体平台和四个服务平台。四个媒体平台分别是报纸、广播、电视、新媒体，四个服务平台分别是政务服务平台、网络问政平台、舆情监控平台和智慧城市平台。

第四节　媒体融合转型的用户服务

一、得用户者得天下

1. 以用户体验抓住用户痛点

与传统媒体相比，新媒体的优势还在于能借助互联网与生俱来的互动性，并将其变为自身快速发展的推进器。"与传统媒体一对多的单向大众传播模式不同，新媒体创造了一个去中心化或多中心化的信息空间，传统消极的'受众'

概念被中性的'用户'概念所取代，每个人都成为信息网络中的一个节点，既可以接受和消费信息，也可以生产和发布信息"。浙江大学传媒与国际文化学院院长韦路曾这样预测，"未来的媒体将越来越多地通过'众包'方式，将用户生产的内容吸纳为自己产品的一个有机组成部分，这将成为未来媒体发展的一个重要方向"。

确实，在同质化产品竞争日趋激烈的当下，要做出令人称赞的产品，首先要以用户为中心去设计，在用户第一的前提下，必须从用户的角度去思考分析问题。360创始人周鸿祎说过，如何把自己当成用户，是要把自己首先从产品经理这个角色蜕变成不带角色特征的"小白"。不过，这很难做到，随着阅历和经验的增长，还原的可能性越小。因此，转型中的主流媒体需要客观地去分析产品的目标用户人群，并找出人群当中的主流用户形态，再针对主流用户去设计、研发新的内容产品。

当然，在互联网时代，产品的竞争力最终要靠核心功能和体验来提升，那么怎样才能把产品体验做到极致呢？这就要求媒体自身不能有容忍的心态。在使用某个产品的时候，用户内心都会有一个预期，这个预期能超出多少，决定了用户对这个产品的喜好程度，而这可以通过追求极致体验来解决。只有追求极致，才能把产品真正做到好的用户体验。以微信群为例，刚开始的时候微信群是有人数限制的，默认人数为不到50，可以升级成100或更多。微信默认是隐藏昵称只显示头像的，群聊的人一多，就分不清到底谁是谁了，这时很多人就会去群设置中开启"显示群成员昵称"，加的群多了，每次都要去设置也挺麻烦的。微信有一次升级后，默认超过一定人数的群聊自动开启显示昵称，人少的还是不显示。这个改动既抓住了用户的痛点，也提升了用户体验，还不影响产品的熟人社交的策略，可谓一举多得。

因此，抓住痛点、追求极致应该成为主流媒体留住用户的工作态度，只有这样才能做出令用户称赞的产品。

2. 用户数据挖掘成为媒体融合关键

目前，绝大多数传统媒体尤其是党报发展新媒体，主要依靠"两微一端"。在这个过程中，怎样更好地挖掘用户数据与价值呢？必须通过引进先进的大数据技术，智能分析目标信息源，精准挖掘内容数据价值，实现标签化、结构化智能数据服务，让新闻客户端成为党报融合发展的主要平台，进而推动传统媒体内容转型升级。

以往不少传统媒体倾向将受众看作没有区别的"乌合之众"，试图通过少数内容满足大多数受众的需求，然而在新媒体时代，这种"短头模式"逐渐被"长尾模式"所取代。以传统书店和网上书店为例，在亚马逊网上书店成千上万种图书中，一小部分畅销书占据总销量的一半，而另外大部分的书虽单本销量小，但凭借繁多的种类，积少成多，占据了总销量的另一半。传统书店受场地、成本、类型等诸多限制，对销量很小的书甚少考虑，几乎舍弃了一半的读者，这就导致读者越来越倾向去网上购买书籍。

因为有了数据挖掘，内容与用户实现了精准连接，这极大减少了用户的信息筛选时间与隐性成本，使用户能够充分利用其有限的碎片化时间来接受其感兴趣的信息。假设一个使用场景：某天早上，一位白领在等待交通工具的过程中，当他打开某个传统新闻客户端后，却不知道自己该看哪一条，在快速滑动的过程中，他在寻找着自己感兴趣的新闻。在他旁边的另一位，使用着经过数据分析的客户端，当他一打开页面，系统就根据他的喜好推荐相关新闻，用户的筛选时间在理想情况下接近于零，其用户体验显然远远优于前者。传统媒体在这方面已然不占先机。因为智能化的真正实现必须依赖用户的大数据——也就是说，只有和新媒体融合发展，传统媒体才能挺立潮头而不倒。

3. 只有"以用户为中心"才能适应时代需要

商场如战场，从以往的同行业竞争，再到跨行业的争夺，企业间的竞争越来越具有火药味。古代战争往往以俘获敌人数量论功行赏，而现代企业间的竞争同样以数量定输赢，那就是以消费者的数量、流量为依据，谁抢得多，谁就是"大佬"。将这种场景转移到传媒市场之间的竞争，便是用户的竞争。如今的传统媒体若再不懂得"适者生存"，就会慢慢被淘汰。

例如，新媒体的客户端，在进行功能开发和完善中，必须始终围绕"以用户为导向"的核心思路，从应用场景的功能、流程、感知体系三大维度进行开发。除了传统媒体在做的信息服务，新媒体还可以充分利用大数据平台，拓展媒体的服务范畴，如提供金融、交通、教育等各类城市生活服务。我们现在使用的微信、支付宝、打车软件都属于新媒体的服务范畴。新媒体时代，只有以用户为中心，才能创造有生命力的产品，成为适应时代发展需要的媒体。

二、媒体的核心用户

对传统媒体而言，其核心竞争力还在于生产优质内容产品的能力。当原本的商业模式开始被替代，我们亟须转变就媒体谈媒体的惯性思路，在找准自身核心竞争力的基础上，利用政府提升现代治理能力的大好机遇，积极主动地转型成为城市服务商，让城市治理的主体——党委政府成为自己的核心用户，并使其积极主动地提供服务。

1. 导向要明，牢固树立以人民为中心的工作导向

无论是以党对新闻舆论工作的要求为出发点也好，还是媒体推进自身发展的需要也罢，都要求我们必须"内化党性"，只有坚持党性原则，才能做到在思想上高度重视、工作上精准有力。如何有机地统一党性与人民性，将成为媒体转型的基础。只有通过"内化于心、外化于行"，才能在舆论引导中生产出让用户满意的产品，才能不断增强传统纸媒的公信力、品牌力和影响力。

2. 围绕中心，创新主题报道，唱响主旋律

围绕党和政府重大决策、战略部署组织开展重大主题报道，是主流媒体的重要责任和优势。特别是在全媒体融合传播的新语境下，各级各地媒体必须不断探索和努力创新重大主题报道，在做好纸媒报道的同时，通过移动客户端、手机报、新闻网站、微博、微信等新媒体平台，不断扩大主题报道的政治影响力，更好地服务党和政府的中心工作。

3. 深耕本土，挖掘政府资源，拓宽服务渠道

"分众化、配餐式"办报，即强化分众意识，积极主动服务地方党委政府，创刊或合作承办各类社群报，为用户量身定制宣传主题、服务及活动，在区域拓展中不缺位、不错位、不失位，巩固主流媒体的公信力、影响力。因为，单纯、单一的报纸版面宣传已经不能满足客户的需求。"分众化，配餐式"办报，其实质是立体式个性化的一种服务形式，是互联网背景下用户思维的体现。

4. 参与问政，打造舆情平台，畅通网络问政"最后一公里"

（1）借势媒体网站，搭建理政平台

经过多年发展，许多传统媒体都拥有自己的网站。这是很好的优势，也是提升影响力、传播力的重要支撑。融合背景下，媒体网站的主要功能早已不仅

限于新闻资讯，而是纷纷开通问政、理政栏目，成为党委政府知民意、解民忧、汇民智、聚民心的重要途径。比较知名的如北方网《政民零距离》、胶东在线《网上民声》、东北网《民生热线》、长江网《民生新干线》、大江网《民生通道》、华龙网《重庆网络问政平台》等。这些网站根据百姓关注的热点和焦点策划新闻专题，引导舆论导向，为政府开门纳谏提供了新渠道。

（2）多元融合，打造高质监督平台

对一个新闻专栏而言，舆论监督最重要的是关注民生。在新的舆论环境和传播环境下，舆论传播力的塑造和提升必须进行重新思考与创新性推进。

作为地方主流媒体，一些平台打造了诸如"新闻调查"等网络问政版块，并在其下又分设子栏目，包括一周热帖导读、热线效能投诉台等，定位"社会各界参政议政的新渠道，政府了解民情民意的新窗口"。这些栏目的创新性在于，时刻关注社会热点、焦点话题，把这些问题放在网络环境下全民讨论。同时就网上的热点话题，整理出网友观点，发表在传统媒体上。

可以看到，很多报刊所设置的与民生相关的专栏，其大多取材自现实生活和百姓热线，有针对性解决问题，影响力和辐射力相对有限。通过网络平台打造的问政理政版块与方式基于多元融合，实现了开放的多方互动共享交流，更有助于形成高质量的舆论监督，值得借鉴和推广。

（3）植入"新"基因，强化实时互动

目前，手机用户不断增加，微信、微博等媒介被广泛使用。为了适应这一新形势，在网络问政方面更需紧跟形势，主动求变。于是，访谈直播也成为网络问政的新形式。

众所周知，传统访谈大多是由主持人围绕话题对嘉宾进行访问，嘉宾对主持人提出的问题逐一问答，主持人与嘉宾、受众通过交流完成对话题的阐发和意见的表达。但是网络直播访谈却可以让嘉宾面对更多的受众，交流方式更开放和自由。这使得内容传播更好地适应了受众接收信息渠道和获取新闻方式的转变，紧跟了流量流向，拓宽了内容传播的范围。

其实，网络问政是一个动态概念，需要在互动交流的过程中促进问题的解决，政府由此可以赢得群众的信任。因此，适应时代要求做好网络问政，必须要植入新媒体基因，这是一个与新媒体相融、自我改造的过程。这一过程的打造也将会带来组织模式、表达方式、生产模式等方面的诸多变化，通过这些变化会使交流互动更有效率。此外，与社会力量联动，用新媒体的沟通方式着眼于解决社会问题，也是网络问政努力探索的方向。

当主流媒体成为党委政府的主要舆情平台，群众诉求便可以便捷、精准地直达领导案头，党政领导可以直接对留言做出批示或回复，做到了将媒体的引导、服务、监督功能与党的群众工作有机结合，不仅体现了主流媒体敢于发声、引领舆论的责任担当，也展现了良好的品牌影响力和传播力。让主流媒体成为建言献策的"集散地"、民主监督的"瞭望哨"、为民服务的"助推器"，这是其服务核心用户必不可少的方式之一。

三、媒体的目标用户

一家企业即便有再好的产品和内容，如果没有客户，一切都是白搭。媒体创造的内容就好比一件产品，只有找到目标用户，吸引他们，才有可能把流量变现。

那么，如何才能找到目标客户？用一个简单的公式来看可能更为直观：引流＝画像＋鱼塘＋鱼饵＋钓鱼装置。

"画像"指的是你的用户是什么样的人，年龄是多少，性别是什么，坐标在哪里，有什么喜好等；"鱼塘"是指你的目标用户聚集的地方在哪里；"鱼饵"代表你要用什么方式去吸引他们；"钓鱼装置"则是指用什么话术和方式加他们为好友。我们可以把"引流"这个过程看作是从一个大的鱼塘去抓取小鱼放到自己的小鱼塘。但是我们去哪里找到这些大鱼塘呢？在找到大鱼塘之前，先要去了解你的"鱼"，也就是先去了解你的目标用户是怎样的人，他们喜欢什么口味的"鱼饵"，然后去批量生产这种口味的"鱼饵"。

在互联网思维中，这个过程叫作 UGC（用户创造内容），在新媒体的营销中十分常见。可事实上，UGC 并不是新媒体的专利，传统媒体早就有。针对不同的目标用户开辟不同的版块，让用户参与到媒体内容生产的创造中来、通过内容创造增加用户的体验感、成就感以及与主流媒体的亲近感，让人们因为这样的连接，成为报纸最忠诚的朋友，他们可以既是作者，又是读者，还可能是用户。

四、媒体的普遍用户

对区域主流媒体来说，若将党和政府看成魂（核心用户），那么老百姓就是根（潜在用户），只有抓住了这两者，才能牢固传统媒体生存发展的根基。任何时候，老百姓的需求都应是媒体关注的焦点。新媒体时代，一些媒体过多追求曝光度、点击率，而把那些温暖人心的故事抛到了脑后。恰恰是这些温暖人心、充满正能量的内容产品，最能打动老百姓的心。因此，打好慈善和公益的温暖牌，是传统媒体手中另一把"独门武器"，也是将潜在用户打造成普遍用户有效手段之一。

公益慈善的对象是谁？是普通群众，是困难群众。媒体若能以细致的民生服务、精准的扶贫行动来体现社会责任，留住用户心底深处的那份感动，就能进一步提高媒体的公信力和品牌度。

民生所指，民心所向，国运所系；民生所在，党心所系，政之所行。民生不仅是百姓的生活问题，更是执政者安身立命的根基。重民生者得民心，得民心者得天下。所谓民生，就是人民群众的生活问题，就是人民群众最关心、最直接、最现实的利益问题，如就业、教育、分配、社保、稳定等，这些问题不仅关系人民群众的基本需要，也直接关系执政者的人心向背，关系社会的安定和谐。

对主流媒体来说，除了践行好党媒职责，最不可或缺的就是民生新闻，即关注城市社区、郊区、小城镇的当地新闻，更关注当地受众的生活经验，积极报道"身边人""身边事"，而这些新闻不仅能填补主流媒体报道上的空白，增加新闻的深度、广度和多元性，还能为媒体留住更多平民用户。

第五节 媒体融合转型的技术赋能

一、大数据计算赋能提升媒体内容生产力

媒体转型越趋深入，媒体就越清晰地认识到，受众对优质内容生产的刚性需求并没有变，唯有优质内容才是媒体生存和发展的命脉，提高自身的内容生

产力才是硬道理。

在互联网时代，为提高媒体的内容生产力，首先需实现的便是采编流程的彻底重构和优化。目前，一些媒体建立的"中央厨房""小厨房"都是媒体对数字采编发布的一种探索，其根本目标是在适应互联网时代移动传播的叙事形态变化的基础上，节约内容生产成本、提高内容生产效率、提高新闻传播时效。

高质量、结构化的巨量新闻数据素材库中的结构化数据，可由媒体各取所需，媒体无须多次采集同一素材，减少了媒体在收集素材上的人力、物力和时间的投入，从本质上大大降低了媒体的生产成本，同时提高了媒体内容生产的能力和效率。

在数据实时更新的基础上，大数据提供了各种大数据工具——针对新闻LBS 定位、用户点击、微信文章本地化、图片转载等，从多种维度来实现对新闻数据的快速捕捉，提供结构化、纯净化、本地化的数据，用以支持媒体在自由选稿平台上快速获取新闻内容大数据并助力编辑发布，这大大提高了媒体新闻的传播时效。

虽然以统一的新闻数据素材库作为底层架构之一，能够有效地协同传统媒体旗下所有媒体包的工作，在需要整合的时候进行有效整合，但这也使部分媒体人产生了一个疑惑，这会不会带来内容的同质化？其实这种担忧是不必要的。统一的新闻素材库并不代表同一内容生产流程，媒体通常会组建个性化的素材中心来适应各种不同场景、不同需求的内容生产需求。

在"内容定制"的基础上，大数据为媒体提供了内容数据深度数据抽取与处理、定制化去干扰的内容控制服务。"内容定制"从字段控制、数据清洗、版权控制、敏感控制、推送效果、自动组稿等多方面进一步实现媒体的个性化需求，得到了众多媒体的一致好评。

世界上没有同样的两个人，故而也不会有同样温度的两篇文章。技术是为了媒体人更好地工作，故而无须担心技术会导致内容的同质化，要做的只是用好技术。

与此同时，在新的时代条件下，媒体技能的"去专业化"、新闻发布渠道的"去中心化"，使得微博大 V、微信大号、知名大咖等自媒体人以及新闻事件的爆料者等都成为新闻传播的"新行动者"，催生了"万物皆渠道，万物皆媒体"的现象。媒体要想承担起新时代的职责和使命，必须要提高自身的社会影响力、新闻传播力、品牌公信力。

"知己知彼，百战不殆。"媒体只有通过大数据技术，做精准、有效的分析，才能全面、真实地提升自身的社会影响力、新闻传播力、品牌公信力，进而有针对性地调整优化自身，并有所提高。

大数据可以为媒体提供社会影响力产品"新媒体互动数据"，通过对微信、微博、新闻移动客户端、网站等公开的点赞量、评论量、转发量、阅读量等网友互动数据的监控，对评论内容等公开用户数据的分析，能有效帮助媒体了解自身的社会影响力，并了解对比竞媒的社会影响力。

在引导媒体新闻传播力建设方面，大数据通过"传播分析"，以原创确权技术为基础，从媒体稿件的转发量、媒体转载数、转载媒体行政级别、转载比重、原创稿件等多方面全方位监测媒体的新闻传播效果，对内容传播影响力、媒体传播影响力等进行量化分析和持续跟踪，以便媒体通过数据了解自身的新闻传播力。

及时了解官方领导活动报道、紧跟政策步伐发布相关的政务报道是媒体提高品牌公信力的有效方法之一。对此，大数据能解决媒体的"政务报道"，其借助 AI 等先进技术，为媒体推出了互联网信息专题采集、汇聚、分析与展现服务。信息专题包括国家、省部、地厅、县处四级党政领导人会议与活动等信息，特别事件信息等。

那有没有可能通过一种产品，可以同时直观、快速、及时地评估出自身的社会影响力、新闻传播力、品牌公信力呢？

大数据技术完全可以基于动态数据分析和挖掘，通过大屏实时展示新闻线索和传播效果，智能化分析传播力、影响力、公信力并将分析结果可视化。当然，其功用不只是简单地实现对媒体社会影响力、新闻传播力、品牌公信力的可视化，其可根据媒体的不同需求，定向分析数据，将不同内容自由组合到大屏中，从真正意义上满足实时数据、多重分析、科学计算、个性展现的媒体可视化需求，助力媒体在引导、生产、传播、运营、交互、考核等各个方面高效运转。

另外，传统媒体数字转型的关键，在于新闻生产和传播的重心向数字平台转移，其首先要达到的目标便是获取数字用户。对于获取用户的过程，美国的媒体专家将其拆分为四个步骤：①通过营销推广、新闻互动等手段吸引人们访问自己的网站或数字终端；②用他们感兴趣的内容吸引他们驻留；③以优质的内容和良好的用户体验创造令他们再次访问的机会；④在赢得美誉度的基础上让他们转发分享内容。

这四个步骤都离不开两点：①找到用户特点；②找到用户关注的热点。

通过大数据、AI等技术，对用户进行数字画像分析、快速捕捉用户热点，能充分挖掘提升内容产品的价值和增强营销能力。在英国，各大报纸通过对第三方数据平台的娴熟应用，对自身用户是哪类人了如指掌，内容团队、经营团队也从中知道了哪些新闻内容值得追踪报道，哪些广告商该匹配什么版块，非常科学地提升了运营效果。

在内容版权变现方面，大数据还可以实现版权在线交易，为各大媒体和原创内容生产者提供原创内容确权、全网转载分析、"维权服务＋内容交易"、全方位内容变现等多方面的服务。

在历史数据变现方面，大数据对报纸创刊以来的图片、文字等数据在数字化的基础上进行结构化处理，在标签化过程中清洗广告及无效信息，最终按数据类别存储，使数据可根据多级分类检索系统实现可视化呈现和利用。这对媒体历史数据循环再生和利用、清点和盘活资产的建设效益、细颗粒的深度挖掘等方面都有正面的推动作用。在这个服务中，媒体的历史内容将被再次唤醒，将"沉睡的仓库数据金矿"变成可再次使用并授予他人使用的互联网化产品，盘活并扩容媒体资产。

同时，大数据通过提供相应的产品助力媒体充分利用自身资源为政府、企业等提供服务类产品，以达到资源和渠道变现的目的。例如，媒体可为政府提供宣传部地方舆情监控应对服务、主要领导政务资讯服务、政府职能部门资讯服务、政府部门历史数据服务等服务类产品，可为企业提供企业大屏舆情监控预警服务、企业媒体传播力服务、企业竞争对手监测服务、企业年度传媒影响力大数据分析报告等服务类产品。

二、新闻客户端加快向智慧服务端转型

可以肯定，区域性传统主流媒体（中央级媒体除外）现在如果还在一味强调移动新闻客户端，一定是死路一条。因为新闻是易碎品，留不住粉丝，也留不住用户。在移动互联网平台上，如果不能解决时用户的黏性或者服务价值的有用性，注定就会走向灭亡。传统主流媒体必须加快形成"新闻＋政务＋商

务＋服务"的运营模式，不断丰富业务形态，打造治国理政和服务群众综合服务平台，才能迎来希望的春天。

所以，传统主流媒体必须导入融媒体自主可控技术平台建设，按照"坚持移动优先策略，以自主平台建设为重点，以内容建设为根本，以先进技术为支撑"的基本原则，将坚持正确导向，坚持创新融合，坚持互联网思维，打造一个本地区域化智能服务平台，实现媒体思想宣传文化领域的指挥调度统一、内容统一、服务统一、舆情应对统一以及保障支撑系统统一。实现政务服务、政务信息、新闻资讯、民生服务互联互通，在自主可控服务移动端上实现以下功能：

（1）本地新闻信息聚合功能

建设本地新闻信息聚合平台，以最快、最全、最本土新闻资讯，让党的声音能够上接天线、下接地气，将政府平台发声首发在主流媒体，实现主流媒体移动端政务号上信息聚合政府第一发声的内容，而不是像现在政府声音第一落点首发在商业平台上。

（2）本地公共服务嵌入功能

开展政务服务、民生服务、问政服务、纪检服务等业务，将政府办事功能和百姓服务聚合在平台上。要充分发挥媒体信息服务平台作用，全面参与智慧政务建设，整合党政部门信息资源，对接党政部门技术平台，提供审批、注册办证、办理社保、投诉受理等"一站式"政务服务。把市民服务中心、行政服务中心、12345便民服务中心、三农服务中心和民情处理中心全面用活用好。

（3）本地社区社交互动功能

打通舆论宣传"最后一公里"和生活服务"最后一公里"，让党的理论能够"飞入寻常百姓家"。实现每一个社区发布信息的功能都可以聚合到App平台上。例如，通过小区粘贴二维码，下载各个社区的App，将社区打造成凝聚群众、团结群众、宣传群众的引导服务枢纽。同时通过服务群众，如"鸡蛋日历"等功能，整合社区内商圈、社区手递手、实现媒体移动端平台的流量，实现广告客户的快速回流。

（4）本地视音频播报功能

随着5G时代的到来，必须打造移动化、智能化、社交化的短视频的播报平台。让UGC用户可以通过本地主流媒体平台实现即拍即编即发功能，让本地有爱好表达欲望的用户实现最大的自身价值，同时让媒体本身可以拥有更加广泛信息收集、新闻线索来源和渠道。同时主流媒体本身，还要借助这个功能打造现场直播，实现主流媒体引导当地，打造直播带货、直播探店和直播品牌的变现新手段。

（5）本地舆情监测服务功能

全面开展当地信息监测、舆情预警、传播追踪、实时简报、大屏可视监控等工作，服务公共决策。提供本地实时舆情监测动态信息服务，打造主流媒体实时舆情信息中心。

（6）本地网络问政咨政功能

百姓事、网上办，实现民意收集、建言咨政，疏导群众情绪，打造 24 小时不下班的网上政府，让媒体融合真正成为疏导公众情绪的压舱石和减压器，成为治国理政的新平台，充分将政府部门整合进来。

（7）本地增值服务运营功能

参与智慧城市建设，运营电商平台，服务地方经济发展，大胆参与当地政务服务建设，整合缴费、就医、旅游、购物等便民服务，打造指尖上的政务。打造创业者电商（微商）展销平台，吸引当地创业者零租金入驻。将当地展销平台——"农产品 + 工业品 + 电商"，纳入智慧城市建设，建设运营本地电商平台。

（8）本地数据智库服务功能

真正使人工智能应用于新闻采集、生产、接送、分发、反馈之中，提高新闻舆论传播力、引导力、影响力和公信力，做到大数据可视化、稿件追踪、版权追溯与确权等。

（9）本地 UGC 线上服务功能

打造市区县联动志愿服务者队伍，从有组织服务变成自发服务；打造具有本地地方特色的品牌新时代文明实践中心线上公益平台。主流媒体要创新服务方式，精准对接群众关切，把线上和线下工作结合起来，把解决群众思想问题与实际问题结合起来。整合社会各公益组织，线上建立公益服务信息中心，打通供需双方，打通线上线下，"你发布需求，我接单服务"，由"派单"变成"点单"，从有组织服务变成自发服务。

三、努力成为本地数据中心的运营商

1. 主流媒体参与数据中心服务运营的优势

（1）党媒公信力叠加，构建人民群众基础

人民群众对党委政府的认同、拥护、支持，是党媒公信力的强大支撑。特别是地方党媒，与党委、政府跟得紧、贴得近，因其传递信息的权威性、引导舆论的正确性，往往在本区域具有较高关注度，拥有其他机构不可比拟的公信力。即使是在新媒体蓬勃发展的当下，党媒仍被视为获取可靠、权威信息的重要渠道。转型为区域城市智能服务商，可以更好地吸引受众、引导受众、影响受众、说服受众，并在"宣传、引导、教育、互动"方面发挥更好的职能。

（2）主流媒体流吊：叠加的优势互补

主流媒体平台本身具有宣传和用户量优势，通过"新闻传播＋内容原创＋智慧服务＋活动策划"，构建工具化的区域核心媒体，可以实现用活动"吸粉"，用新闻"活粉"，用内容、服务"粘粉"，实现社会效益和经济效益双提升。这样，一是有利于提升新闻传播力和媒体平台商业价值；二是有利于打造服务群众的便民利民平台，避免智慧城市运营平台、融媒体平台的重复投入；三是有利于大幅降低融媒体平台的投入，优化整合运营资源；四是务实体现新型智慧城市的以人为本和可持续化运营理念。

（3）媒体矩阵叠加，服务普及县乡村

本地数据中心通过协同运营网络媒体群，构建媒体矩阵，代管部门公众号和推进各区县融媒体建设，在坚守主流媒体阵地的同时，还可以使面向县乡村的服务下沉。

2. 主流媒体该如何参与本地数据中心运营

（1）社会管理

①智慧政务

加快推进"互联网＋政务服务"，在现有的政务网的基础上，加快构建覆盖整体联动、部门协同、入口统一、一网办理的一体化网上政务服务体系。推进政务服务跨地区远程办理、跨部门协同办理，涉及多部门办理事项实现一口受理、网上运转、并行办理、限时办结、统一反馈，推进智能化、个性化服务水平进一步提高。提高网上服务供给水平，充分汇聚、分析、利用政务信息资源，不断拓展网上可办事项，凡与企业生产经营和人民生活密切相关的政务服务事项，都要推行网上申请、网上受理、网上办理、网上反馈，探索大数据辅助政府决策的社会治理新方式；构建多元普惠的民生信息服务体系，积极开发智慧应用，向广大市民和企业提供更加方便、及时、高效的公共服务，推进群众关注的教育卫生、住房、交通等领域的热门服务、便民服务，整合汇聚到政务服务网及主流媒体 App 应用，建立征信信息采集、整合、查询和公示机制。

②智慧公安

建立公安警务大数据中心，提升数据传输、数据安全交换、大数据存储和分析计算能力；充分利用天网监控平台等平安城市建设成果，加快公安信息网络安全和视频专网安全建设；全面推动智慧型平安城市综合技术应用示范，推动小区、商圈、校园的智能识别、智能监控、远程值守、政务信息化、医疗信息化等多项示范应用，创新社会公共安全联防联控和管理服务机制。以"互联网+"、人工智能和大数据应用为切入点，推动公安一体化智能办证服务，开展智慧大厅和一体化办证终端建设，实现对出入境、户政、交管等查询、办证、缴费业务的智能化、一体化办理；打通户政、交管等查询、办证、缴费业务的智能化、一体化办理；建设智能打击，携手公安侦查，构建云快捕应用，实现在逃人员的信息综合研判和网上应急处理应用，并进行网点划证，打造互联网信息应用平台，推动反电信诈骗研判建设，打造反电诈工作平台，实现对电信诈骗案件的录入和串并，对电信流、资金流的查控和研判；推动人员管控分析研判建设，建设动态人员、静态人员和侦查陆地隙蔽式人员卡口，实现对特定人员的身份比对和自动推送。

③智慧交通

完善智慧交管基础设施建设，对老旧信号机、信号灯具、电子警察及监控、杆件、标志标牌、管道线缆等进行全面完善促新，实现市区主要路口、路段的电子警察，信号控制、交通引导及发布设施、智能标志标牌、路段高清视频监控、城市高点视频监控等科技设施全覆盖。建设交通动态信息感知网络，强化对城市道路、交通枢纽的实时感知，对客运、载货机车的动态监管和智能调度。充分利用视频综合管理平台及其他已建设运行信息系统，有效整合交通运输行业智能调试监控系统、交通控制系统、公交智能调度系统，建设大数据交通综合运营管理平台，逐步实现交通信息资源互通共享。实时感知城市和城际道路交通系统状态，将交通路况通过互联网、移动网，如手机导航、手机应用程序等途径提供给市民，为公众提供出行多模式、全方位、高精度的智能出行导航引导、个性化出行指引等服务。加快推动对公共停车场建设，努力扩大停车位供给规模；推进停车位数字化管理，加快停车引导系统建设，加强停车资源共享利用，支持市民卡、金融 IC 卡和移动支付等电子支付在交通领域的集成应用，统筹公交、出租等交通出行方式的支付终端。

④智慧环保

建立大气、水质实时自动监测系统，应用智能化平台，提升空气质量、水环境质显的实时监测水平；建设重点污染源综合在线监控与智能预警平台，实现对重点污染源的排放实时在线监控，提高环境监管能力；建立污染预警和应急响应系统，实现对环境数据的收集、分析、预测和评估，提高现场指挥、调度、处理与决策能力；建立环境信息资源中心，实现环境基础数据采集审核、处理、共享、多维评估分析及统计，构建面向管理决策的综合业务应用体系。

⑤智慧城建

整合基础地理信息、城乡规划及管理信息、涉及空间管控的其他部门数据资源等，建设统一的城乡规划、建设、管理信息监管系统，服务于规划编制、管理、评估和决策。加大建筑信息模型技术、北斗卫星技术、物联网技术等在城乡建设领域中的应用力度，大力推进传统建造模式向建筑产业现代化转变，推广智慧建筑、智慧小区、绿色建筑等，提高城乡建设综合管理水平和效率，提升建筑品质，改善居住环境。

⑥智慧市场监管

建设市场网格化综合监管系统，根据市场监督管理执法职能，兼顾物价监管、知识产权、反垄断等市场监管领域工作要求，共享电子证照和企业信用库，使用移动监管终端对辖区各类经营主体进行网格化巡查监管，及时发现和处理包括食品安全、医疗、器械、特种设备等领域存在的安全隐患，发现、搜集违法经营线索督导、纠正违规经营行为，提高监管执法效率。建设食品安全监管体系、食品安全追责体系和食品安全诚信体系。加强对食品安全数据的归集和辅助决策管理，实现食品安全数据的共建共享。

⑦智慧城管

升级现有城管系统，构建智慧化城管平台，形成城乡一体化的综合协调管理机制。实现市政设施、市容环境、城市执法、城市照明等各项专业应用，实现政府管理和服务统一受理、指挥派遣、处置反馈、核查结案和考核评价。

⑧智慧应急

整合公安、环保、交通、水利、卫生、安监、地震、气象等职能部门应急信息资源，构建省、州、县、乡镇（街道）四级互联互通的智慧化政府应急平台，提高应对自然灾害和突发公共事件的智能化应急处置能力。建立统一的应急管理地理信息系统，提高应急处置相关的人力、物力及重要防护目标空间分布与动态信息管理、调度及可视化能力。

（2）公共服务

①医疗健康

建立健全人口、电子健康档案和电子病历基础数据库，尝试推进三库合一，全面实现医疗健康信息互通共享。基于建设人口健康信息平台，统筹公共卫生、计划生育、医疗服务、医疗保障、药品管理、综合管理、健康教育等领域的应用系统，推动各级各类医疗卫生机构、行政业务管理单位及各相关机构的基础信息资源、业务应用系统统一纳入平台，促进基础数据集约共享和业务应用系统互联互通，提升人口健康信息化业务应用水平；探索建立基于互联网、大数据技术的分级诊疗信息系统，推动各类医院逐步实现电子健康档案、电子病历、检验检查结果以及在不同层级医疗卫生机构间的授权使用。

积极推进移动互联网、物联网、大数据、云计算、可穿戴设备、人工智能等新兴信息技术的应用，依法有序推进全民健康信息在线查询和规范使用，发展覆盖全生命周期的医疗健康信息服务；推进家庭医生签约服务智能化信息平台建设与应用，加强上级医院对基层的技术支持，提高家庭医生团队服务能力，提升签约服务质量和效率；建设统一的医疗支付信息平台，引入支付宝、微信、银联等即时支付手段，实现医疗机构集中提供线上咨询、预约挂号、候诊提醒、费用查询、线上支付等应用服务。

②智慧教育

制定各级各类学校信息化基础设施建设基本标准，纳入学校建设办学条件基本标准。加大多媒体设备、各类教育终端等的配给力度，推进所有学校接入宽带网络，加快校园无线网络覆盖，确保农村地区、薄弱学校的教育信息化基础设施均衡建设。采用政府出资建设、企业运营维护、学校购买服务的方式，引入第三方教育信息服务，整合优质教学课程、学科工具、实验系统等教育资源，加快建设教育资源公共服务平台，实现优质资源共享和持续发展。推动网络课堂建设，构建与学前教育、义务教育教学大纲相匹配的在线课程体系。支持各类数据库，推动资源、教务、办公、招生等精细化管理。采用政府购买服务、补助等方式，支持企业和社会机构根据师生教学、学校管理需求，开发一批定制化、专业化教学应用、教育管理工具软件。支持第三方教育信息服务商建设网络化教育云平台，采用在线教育直播等多种方式，创新基础教育、职业教育等教育公共服务供给模式。

③智慧文旅

充分运用新技术创新媒体传播方式，加快建设覆盖的新媒体城乡传播平台，建设数字图书馆、数字博物馆、数字农家书屋等公益性文化基础设施，打造一批基于互联网的新型主流媒体。推进网络文化产业集聚发展，加快培育富有活力、形态多样的产业集群，积极推动多媒体电视、网络电视、数字出版、手机媒体等新型业务发展。

打造"数据中心"云平台手机应用程序旅游信息在线频道，提供旅游路线定制、餐饮住宿预订、车位查询、定位导航等综合旅游服务；加强与新媒体旅游电商平台的合作，加强旅游资源、旅游产品的宣传销售，提升城市吸引力；加快建设智慧旅游景区，在各地旅游景区发展位置语音导览、虚拟实景旅游、实时视频展播等智慧旅游应用，强化对旅游景点及游客散地、旅游线路路况信息的实时感知，对旅游客车动态监管和智能调度，提供实时旅游出行信息服务。

④智慧人社

加快城镇职工、城乡居民等服务人群社会保险基本信息采集录入，建设统一的参保人员、药品、诊疗项目、服务设施范围数据库，实现基础信息统一管理。推动社会保险信息系统和城乡居民养老保险系统、医保结算功能的整合，实现各项业务领域间信息共享、业务协同和有效衔接；促进劳动就业、社会保障、人才服务等与互联网深度融合。建立一体化公共人力资源信息服务平台，拓展网上办事服务、移动应用和自助终端等多种服务渠道，提供资格认证、精准招聘、移动缴费、成绩查询等在线服务；加快社会保障卡应用，实现社会保障一卡通功能。

⑤智慧社区

综合运用新一代信息技术，整合小区各类服务资源，形成设施齐全、管理高效、服务多元、生活便捷、环境宜居的小区生活新业态。推进小区网络设施建设，加快光纤入户、高清数字电视网络、5G 网络无缝覆盖；推进小区安防系统建设，建设出入口管理系统，智能门禁系统、入侵报警系统、小区视频监控系统、电子巡更系统和访客对讲系统，并与公安相关系统联通，实现进出车辆和人员的自动识别、危险情况的自动报警，建立小区智慧安防体系，建设社区公共设备监控系统，推进小区停车场管理，公共信息发布和广播等系统建设，部署智能充电、自动洗车、智能快递柜、自助查询终端、健康小屋、电子围栏等多类智能化设备；推进小区智慧家居网络系统、安防系统、自动化系统和控制系统建设；建设集智慧小区设备管理平台、智慧小区物业管理系统、小区业主 App、智慧小区门户网站于一体的智慧小区综合服务平台。

⑥智慧养老

依托社区门诊、医院体检等渠道获取累积的老年人健康数据，建立老年人健康信息资源库。建设统一的智慧养老服务平台，通过手机、电话或网络等终端，及时快捷为老年人提供紧急救助、生活服务、精神慰藉等服务。支持有条件的企业开发实时定位、远程监护、健康检测等智慧养老产品，满足健康养老需求。

⑦智慧农业

与农业龙头企业、农民专业合作社、家庭农场、种植大户等合作，加快二维码、无线射频识别、移动视频监控等技术在农产品生产、加工、流通、经营等全生命周期追溯的推广应用。

⑧智慧物流

构建新型智慧物流系统，推动物流园区的物流公共信息服务平台建设，加快物流货运信息平台项目建设，逐步建立物流产品的智能可追溯系统，在条件许可的情况下探索建立全自动化的物流配送中心，依托综合交通网络建设和城市空间拓展，力争建成航空、高速公路、铁路相衔接的立体物流体系。

（3）网络安全

在党政部门、金融、交通、能源、电信、公共安全、公用事业等领域，推进关键信息安全基础设施与智慧城市数字化政府工程建设同步规划、同步建设、同步运行。贯彻落实国家有关党政机关网络安全保密管理等规定，建立健全网络安全监督检查机制。加强党政机关重要电子政务信息系统信息安全保障体系建设，规范党政机关、事业单位网上名称，保障党政核心部门重要信息网络和信息系统安全。做好分级保护和等级保护，促进不同安全保护要求的信息系统分类建设、部署和管理。积极推动采用安全可信产品和服务，提升基础设施关键设备安全可靠水平。加大网络和信息安全技术保障力度，建立信息安全评测和监控体系，强化入侵检测漏洞扫描、病毒防护、防电磁干扰等网络安全保护。建设政务网络安全保密持续监管运维系统，提升网络信息安全管控和运维管理水平。强化云计算大数据服务网络安全管理，推进云计算大数据服务全过程监管，全面提升云计算大数据服务网络安全管理水平。

（4）保障措施

①加强组织领导

成立数据中心数字化政府工程项目领导小组，协调推进数据中心云平台建设重点问题，部署落实重点任务，督促检查工作实施。完善协调推进机制，加强重大项目统筹协调，强化项目推进部门职责，统筹推进数据中心数字化政府工程建设。建立数字化政府建设专家咨询委员会，充分发挥高级专家在战略规划制定、重大项目评审论证等工作中的咨询和参谋作用。

②强化政策支撑

建立健全数据中心数字化政府转型工程建设政策法规体系，加强数据中心数字化政府工程建设行政执法，保障数据中心数字化工程建设推进的制度化、法制化，探索信息资源集约共享制度法规体系、标准规范体系，促进政务部门间资源共享和业务协同。

③加大财税支持力度

积极争取国家信息化相关9项资金支持，统筹信息化专项资金，加大数据中心数字化政府建设资金支持力度。丰富建设投资和运营模式，灵活运用企业投资、政府购买服务等模式，引导社会资本参与信息基础设施、云服务中心等基础性建设项目。研究贷款贴息等财政优惠专项政策，着重解决数据中心政府数字化工程建设过程面临的资金制约问题。

④规范项目管理

研究制定科学、合理、可行、量化的项目实施绩效评价指标体系，对各相关单位的数据中心项目建设的进度、质量、效果等进行评价考核，将考评结果作为今后申请立项的重要依据，确保数据中心建设项目取得预期效果。加强对项目实施过程中的协调、管理、监督，确保项目质量。

⑤加强人才建设

按照"重视培养、用养结合"的原则，加大对数据中心建设项目关键领域技术人才和领军人才的扶持培养力度，构建高层次人才队伍。加强数据中心工程建设领导干部和专业技术队伍培训，完善各部门信息化岗位设置和管理机制，打造由上至下、由内而外的信息技能管理团队。加强信息系统运维和管理人员网络安全专业资格认证和职业培训，构建信息安全防护智力保障。建立数据中心建设人才实训基地，培育多层次、复合型、实用性人才。加强创新型人才社会化服务平台建设，为创新型人才提供培训、交流、咨询、法律等配套服务。

总之，媒体融合发展到今天，大家都在寻找和探索新的思路和办法，并且都在尝试新的运营办法来重组和优化盈利模式。2020年，是大数据和人工智能发展分水岭的一年，也是迈向5G时代的开始。在各个领域，如何利用好大数据和人工智能等技术，是我们正在努力的方向。2021年，媒体将搭载地方数据中心推进社会治理能力现代化建设的快车，只要能抓住这个机会，媒体融合转型的道路，就能越走越远。

参考文献

[1] 莫羡文. 全媒体时代传统媒体与新媒体深度融合的路径 [J]. 视听，2023(12): 126-128.

[2] 车玉龙，张岩. 传统图书出版与数字新媒体融合中的控制难点与对策 [J]. 全媒体探索，2023(10): 87-89.

[3] 石禹. 传统纸媒与新媒体融合创新路径探析 [J]. 新闻研究导刊，2023, 14 (20): 106-108.

[4] 张悦. 浅析新媒体融合发展的难点及思路突破：以建材类学术期刊为例 [J]. 上海建材，2023(05): 15-17.

[5] 郝元元. 传统媒体与新兴数字媒体的融合发展 [J]. 新闻采编，2023,(05): 28-30.

[6] 张莹莹. 融合发展与价值创新：我国短视频发展的特征、问题及对策 [J]. 济宁学院学报，2023, 44(05): 103-108.

[7] 刘士安，巨云鹏. 积极探索传统媒体与新兴媒体融合发展 [N]. 人民日报，2023-10-23(011).

[8] 祝洪珍，乔守明. 新媒体视域下虚拟现实技术与传统文化产业创新融合研究 [J]. 中国传媒科技，2023(10): 102-105.

[9] 廉亚静. 媒体融合背景下传统媒体创新发展的路径探析 [J]. 新闻研究导刊，2023, 14(19): 70-73.

[10] 程芝遥. 传统广播与新媒体融合发展探究 [J]. 西部广播电视，2023, 44 (19): 25-28.

[11] 武颖杰. 传统媒体与新媒体融合路径分析 [J]. 新闻文化建设，2023(18): 94-96.

[12] 程剑. 数字经济时代传统媒体融合发展对策探讨 [J]. 新闻文化建设, 2023,(18): 148-150.

[13] 赵语涵. 新时代传统媒体的融合突围之路 [J]. 新闻文化建设, 2023(18): 88-90.

[14] 吴春妹. 传统媒体与新媒体融合的难点及解决措施分析 [J]. 西部广播电视, 2023, 44(18): 54-56.

[15] 万诚廷. 浅析传统媒体如何与新媒体融合 [J]. 西部广播电视, 2023, 44(18): 73-75.

[16] 艾会宗. 新媒体背景下新闻传播特点与发展 [J]. 中国报业, 2023(18): 94-95.

[17] 黄志新. 电视媒体与新媒体融合发展转型分析 [J]. 中国报业, 2023(18): 170-171.

[18] 德央. 新媒体与传统媒体融合发展路径研究 [J]. 中国报业, 2023(18): 236-237.

[19] 刘弈涵. 新媒体时代电视新闻媒体创新研究 [J]. 中国报业, 2023(18): 136-137.

[20] 赵佳琪. 如何推进传统媒体与新媒体的深度融合 [J]. 中国报业, 2023(18): 180-181.

[21] 马晓翔. 新媒体艺术史 [M]. 南京：南京东南大学出版社 : 2022.

[22] 宫承波. 新媒体概论 [M]. 北京：中国广播影视出版社 : 2021.

[23] 赵晨, 李未柠, 北京市新闻出版研究中心. 媒体融合背景下的北京市新闻舆论工作 [M]. 北京：中国书籍出版社 : 2018.

[24] 朱剑飞. 当代主流媒体融合发展大解码 [M]. 北京：世界图书出版公司 : 2018.

[25] 朱天, 梁英. 新媒体与传媒产业生态 [M]. 上海：复旦大学出版社 : 2015.

[26] 张柱. 新媒体时代的电视新闻生产 [M]. 北京：中国人民大学出版社 : 2015.

[27] 万小广. 媒体融合新论 [M]. 北京：新华出版社 : 2015.